はじめに

　宮城教育大学上廣倫理教育アカデミーは，p4c（philosophy for children 子どものための哲学）を哲学教育ではなく，公教育の基盤として生かしたいという考えから，「探究の対話（p4c）」と名付けました。子どもたちが未来社会を生き抜くために必要な「新たな価値を創造する力」「対立やジレンマを克服する力」「責任ある行動をとる力」を養うために，教科・領域はもとより，全ての教育活動に活かせるアプローチの一つが「探究の対話（p4c）」だと考えています。

　これまでの日本の学校教育では，1時間1時間の授業の目的を達成するために，教師が予め考えた計画（筋書き）に沿って子どもたちを導いていく姿が一般的でした。そこには子どもたちの自由な発想や新たな見方・考え方を生み出す可能性はあまり無かったはずです。しかし，「探究の対話（p4c）」では，子どもたちの立てた問いを大切にしながら，対話を通して深く考えていくことを基本にしています。自ら主体的に考えることの魅力，友達の考えを聞くことで自分の考えが深まっていく手応え，それらが子どもたちを惹きつけているのだと思います。それに気づいた教師たちによって実践が積み重ねられ，広がっていることは間違いありません。

　本書は道徳の実践事例を中心とした構成になっています。道徳で「よりよく生きる力を育てる」授業を考えていらっしゃる先生方や，「探究の対話（p4c）」の具体の姿を知りたいと思う方々に，是非読んでいただきたいと思います。

　今回，特別に，お二人の先生からご寄稿いただいております。お一人は，国立教育政策研究所総括研究官でいらっしゃる西野真由美先生です。ＡＩの進歩など激しい勢いで変化する時代にあって，新たな社会を創る学校教育の実現が不可欠であると論じられ，学びの基盤となる道徳教育の重要性を説いてくださいました。その中で，p4c（philosophy for children）の可能性にも注目していただいております。

　もうお一人は，道徳教育界の重鎮であり，長く日本の道徳教育を牽引してこられた武庫川女子大学教授の押谷由夫先生です。道徳教育において最も大切にすべきことは一人一人の子どもたちをリスペクトすることであり，一人一人の中にあるより良く生きようとする心を育むことであると説いてくださいました。そして，リスペクトと信頼を実感できる p4c は，道徳教育の夢を形にする大きな具体的取組であると言及してくださいました。これからの道徳教育を創り上げていくときに確かな道標となるお話です。

　お二人の先生から「探究の対話（p4c）」に大きな期待を寄せていただいたことは，私たちにとって，何より心強く，大きな励みになります。

　第1章では，道徳科と「探究の対話（p4c）」のつながりについて述べています。「探究の対話」の元になる p4c（philosophy for children）はどのような教育なのか，探究するとはどんなことなのか，解説していただきました。私たちが道徳の授業に生かそうと考えた理由を理解していただけると思います。

　第2章では，「探究の対話（p4c）」を取り入れた道徳の授業実践事例（小1〜中3）を紹介しています。最初に事例集の見方を掲載していますので，それを読んでから事例をご覧ください。今回取り上げた事例は，「探究の対話（p4c）みやぎ」のメンバーとして，日頃から実践や研修に取り組んでいる

1

教師が行なった授業です。「探究の対話（p4c）みやぎ」は，学校の現職教員，大学の研究者，そして私たち宮城教育大学上廣倫理教育アカデミーの職員等で構成しているグループです。研究者と実践者が共に活動していることで，理論と実践の往還が実現できるのが強みであり，特徴です。それぞれの事例ごとに，授業のコンセプト，授業の記録，授業者の声，さらに教育実践者と研究者からのコメントを紹介しています。大学の研究者は，宮城に最初にp4cを伝えて下さった，合意形成・対話教育の新潟大学・豊田光世准教授，学校現場でのp4c実践経験も豊富で様々な助言をいただいている哲学の宮城教育大学川﨑惣一教授，p4cの実践を臨床心理学の立場から分析していただいている宮城教育大学久保順也准教授です。

　第3章では，関連した取組や生徒・保護者の声，Q＆Aを掲載しています。「探究の対話（p4c）」を経験した子どもたちの声や保護者の声には熱い思いが込められており，興味深い内容が数多くありました。

　それぞれの章をじっくりお読みください。

　今から2年前に，『子どもたちの未来を拓く探究の対話「p4c」』を出版致しました。そこでは，私たちが6年前に「探究の対話（p4c）」に出会ってからの経緯や，宮城県内の学校現場での実践，そしてこの取組の可能性などを紹介させていただきました。

　おかげさまで大きな反響があり，各地から問い合わせをいただきました。子どもたちの主体的な学びを基本としていることや，対話を通して深く考えることを大事にしていることが，これからの教育のあり方として多くの方々の共感を得ることができたのだと思います。

　「探究の対話（p4c）」に関心を持たれた方には，こちらもご一読されることをお薦めいたします。

　最後になりますが，今回の出版は，「これからの教育の基盤になると確信している『探究の対話（p4c）』を，教育関係者はもちろん教育に関心のある多くの方々に正しく伝えたい。」という私たちの願いを受け止め，様々な課題を乗り越えながら出版への道を拓いてくださった東京書籍株式会社東北支社の小林和洋様と本社編集局の長崎亮様のお力なくしては実現しませんでした。心より深く感謝いたしております。

　また，これまで共に実践を重ねてきた「探究の対話（p4c）みやぎ」のメンバー，私たちの活動を理解し，応援してくださった多くの皆様，そして，「探究の対話（p4c）」を宮城の地に根付かせ，大きく育てるために多大なるご支援をいただいている公益財団法人上廣倫理財団に，心から感謝の意を表します。

国立大学法人　宮城教育大学　学長特別補佐
上廣倫理教育アカデミー　所長　野澤 令照

目次

はじめに …………………………………………………………………………………………… 1

特別寄稿

新しい時代の道徳教育 …………………………………………………………………………… 4

夢を形に―子どもたちをリスペクトする教育の具体化を― …………………………………… 6

第1章　道徳科と探究の対話（p4c）

p4cとはどのような教育か ……………………………………………………………………… 8

p4cをはじめよう　1 コミュニティボールを作る　2 アクティビティ　3 ルールの大切さ ……… 10
　　　　　　　　　　4 問いを立てること　5 問いの生かし方　6 WRAITEC について …… 12

探究するとはどうすることか …………………………………………………………………… 14

第2章　道徳科実践事例

事例の見方 ………………………………………………………………………………………… 16

実践事例1　小学校1年　　正直，誠実「あのね」…………………………………………… 17

実践事例2　小学校2年　　伝統と文化の尊重，国や郷土を愛する態度「ながい　ながい　つうがくろ」… 27

実践事例3　小学校3年　　友情，信頼「なかよしだから」………………………………… 37

実践事例4　小学校4年　　感動，畏敬の念「花さき山」…………………………………… 47

実践事例5　小学校5年　　真理の探究「ペンギンは水の中を飛ぶ鳥だ」………………… 57

実践事例6　小学校6年　　友情，信頼「言葉のおくりもの」……………………………… 67

　　　トピック　幼児教育における取組 ……………………………………………………… 77

実践事例7　中学校1年　　遵法精神，公徳心「選手に選ばれて」………………………… 79

実践事例8　中学校2年　　よりよく生きる喜び「本当の私」……………………………… 89

実践事例9　中学校3年　　感動，畏敬の念「ハッチを開けて，知らない世界へ」……… 99

「特別の教科　道徳（道徳科）」の評価について ……………………………………………… 109

第3章　探究の対話（p4c）を進めるために

ファシリテーター養成研修 ……………………………………………………………………… 112

p4cを体験した生徒・学生の声 ………………………………………………………………… 114

p4cに寄せる保護者の声 ………………………………………………………………………… 115

Q&A ……………………………………………………………………………………………… 116

おわりに …………………………………………………………………………………………… 119

特別寄稿

新しい時代の道徳教育

国立教育政策研究所　総括研究官　西野　真由美

新たな社会を創る学校教育へ

「Society 5.0」という言葉が，メディアに登場するようになりました。これは，2016年に策定された「第5期科学技術基本計画」で示された造語で，現在の情報社会（Society4.0）の先にある社会という意味です。ICTの発展がもたらした情報社会を，現実世界に生きる人々の豊かさにつなぐ「超スマート社会」である，と定義されています。

一見すると未来予測のようにみえますが，ここで描かれているのは，目指す社会像です。テクノロジーと人間性を融合して様々な課題を解決し，豊かな生活を実現するバラ色の未来が，座して待てば自然に到来するのではありません。未来が不確実だからこそ，「私たちは，どんな社会を創りたいか」という議論を社会に喚起し，共に未来を創っていく機運を醸成する。Society5.0には，そんな未来への意思が込められているといえるでしょう。

文部科学省がSociety5.0に対応して提起した学校ver.3.0も，その「意思」の一つです。中央教育審議会への諮問「新しい時代の初等中等教育の在り方について」（2019年4月17日）では，このSociety 5.0時代の到来に向けて，新たな学校教育の在り方の検討が要請されました。

教育で未来を拓くという姿勢を世界規模で推進しているのが，Education 2030です。Education 2030は，OECD（経済協力開発機構）が取り組んでいる，2030年の社会で求められるコンピテンシー（資質・能力）を検討する現在進行中のプロジェクトです。2003年に提起され，世界各国の教育改革に多大な影響を与えた「キー・コンピテンシー」のバージョン・アップ版といえるでしょう。

OECDは，日本の学校教育の特徴である，知・徳・体を一体的に育成する全人教育を高く評価しており，Education 2030にも，東北スクールをはじめ，日本の学校の実践成果が活かされています。それだけではなく，日本は，このプロジェクトに発足当初から積極的に参加し，各国の研究者と協力して検討を重ねてきました。この検討は，今回の学習指導要領改訂にも反映されています。

Education 2030は，2018年に中間報告書を公表しました。このなかで特に注目したいのが，"Well-being（ウェルビーイング）"と"Agency（エージェンシー）"です。

Well-beingは，一般には，「幸福」や「福祉」などと訳されます。文字通り，個人にとっても，社会にとっても，「よくあること」です。OECDは，これを物質的なものに留まらない生活の質（QOL）の豊かさと捉え，個人の幸福とよりよい社会の実現を21世紀の学校教育の目標に掲げています。

一方，"Agency"は，あまり馴染みのない言葉かもしれません。"Agency"は，「主体的な学び」などで使われる「主体」と似ていますが，行為や働きに重点が置かれた概念で，「行為主体（性）」などと呼ばれます。欧米では，これまで，個人を表す語として「主体」が用いられてきました。今回，"Agency"が用いられている背景には，人が「個」として孤立しているのではなく，多様な他者や周りの世界と関わって行為しながら生きている，という「関係性」が重視されていることが挙げられるでしょう。報告書は，エージェンシーには，「社会参画を通じて人々や物事，環境がよりよいものとなるように影響を与えるという責任観を持っていること」や「進んでいくべき方向性を設定する力や，目標を達成するために求められる行動を特定する力」が含まれる，と説明しています。

2003年に提起されたキー・コンピテンシーは，個人が将来のヴィジョンを持ち，学んだ知識を

活用し，多様な人々と協働するという三つの柱で構成されていました。Education 2030では，個人と社会の幸福を共に実現するために，周りの世界に働きかけて行為することをいっそう重視したコンピテンシーが構想されています。具体的には，「新たな価値を創造する力」，「対立やジレンマを克服する力」，「責任ある行動をとる力」です。いずれもこれまでの学校教育では，それほど重視されてこなかったものです。だからこそ，これらの資質・能力をどう育成するか，という視点でカリキュラムや授業づくりを見直していくことが，新たな社会を創る学校教育につながります。

学びの基盤となる道徳教育に向けて

「Society5.0に向けた学校ver.3.0」では，「人間存在としての基本的な価値や人格形成」は，あらゆる社会を貫く基盤として位置付けられています。ただし，この位置付けには注意が必要です。基盤であるといくら強調しても，人格形成と新たな「学び」をつなぐ具体的な実践が豊かにならない限り，「心」と「頭」は分離したままです。もちろん，人間形成という時代を超えた教育課題が，技術革新や社会の変化によって先導されてしまうことへの懸念はあるでしょう。であればこそ，なおさら，理想的な社会の実現を謳うSociety 5.0に向けて，「私たちはどう生きるか」，「私たちの未来をどう創るか」を問う道徳教育が，新たな学びの基盤とならなければなりません。

新たに設置された「道徳科」は，「考え，議論する道徳」を掲げて，様々な価値や見方・考え方の対立も積極的に取り上げるよう求めています。「対立やジレンマを乗り越える力」を学ぶためには，対立やジレンマの体験も必要です。ですがそれは，日本の学校教育の最も弱い部分でもあります。

世界の学校教師の意識調査を実施したOECDの「TALIS（国際教員指導環境調査）2018」によると，日本の学校が「批判的思考力」の育成において諸外国と大きな隔たりがあることが示されています。この種の国際調査には，文化の違いも影響するため，数値を単純に比較すべきではありません。それにしても，「批判的に考える必要がある課題を与える」学習を「行っている」教師は，日本では12.6％（48か国平均61.0％）で参加国中の最下位，中学校で「生徒の批判的思考を促す」教師は，24.5％（同平均82.2％）と，諸外国の回答と大きな差があります。

よく指摘されてきたように，日本では，「批判的思考力」にネガティヴなイメージがあります。しかし，世界では，批判的思考力に対する見方自体が変化しています。Education 2030が目指すのは，違う見方や考え方に出会って，それらに学びながら，新たな見方・考え方を共に創造していく資質・能力です。そのためには，違いを楽しみ，そこから新たな発見につながるような学びの体験を重ねていくことが求められます。違いを論争ではなく「対話」へと拓き，創造につなぐ学びの実現です。批判的思考力を単に論理的な思考に留めず，教室のセーフティを実現しつつ，傾聴や対話へつなぐp4cの実践は，新たな学びの基盤となる大きな可能性を持っているといえるでしょう。

個人を"Agency"と捉えるEducation 2030の人間観は，人間だけでなく自然や生命との関わりの中で，人間としての生き方を考えようとしてきた道徳教育に通じるものです。子どもが，自ら周りの世界に働きかけながら育っていくというAgencyの考え方を起点に，子どもたちの豊かな対話を実現する道徳教育を構想していくことが，新たな学校づくりに求められているのです。

【参考文献】
国立教育政策研究所編（2019）. 教育環境の国際比較　OECD国際教員指導環境（TALIS）2018報告書.
Society 5.0に向けた人材育成に係る大臣懇談会　新たな時代を豊かに生きる力の育成に関する省内タスクフォース（2018）. Society 5.0に向けた人材育成〜社会が変わる，学びが変わる〜
OECD (2018). *The future of education and skills. Education 2030.*
https://www.oecd.org/education/2030/E2030%20Position%20Paper%20(05.04.2018).pdf

特別寄稿

夢を形に―子どもたちをリスペクトする教育の具体化を―

武庫川女子大学　教授　押谷　由夫

「特別の教科　道徳」が設置され，学校現場では，様々な指導法が工夫されています。更に積極的に開発されていくことが予想されます。その際押さえておくべきことは，どのようなことがあるでしょうか。

これからの道徳教育が目指すもの

道徳教育の根幹は子どもたちへのリスペクト

　私は，道徳教育で最も大切にすべきこととして，「一人一人の子どもたちをリスペクトすること」を挙げます。リスペクトとは，敬意を意味します。子どもたちの何をリスペクトするのでしょうか。

　日本の教育は，一人一人の人格の完成を目指して行われます。人格とは，人間の本質的特徴である，人間としてよりよく生きようとすることそのことだと捉えられます。その人格の基盤となるのが，道徳性です。その道徳性を育てるのが道徳教育です。従って，道徳教育は，一人一人の中にあるよりよく生きようとする心を育むことだといえます。よりよく生きようとする心は，人間がもつ最も崇高なものであり，それを追い求めること自体が，崇高な営みということになります。リスペクトする最たるものは，この一人一人のよりよく生きようとする心であり，それを自分らしく追い求めることそのことでもあります。道徳教育は，このような子どもたち一人一人へのリスペクトを根幹として行われるものなのです。

「特別の教科　道徳」はよりよく生きようとする心を引き出し伸ばす時間

　「特別の教科　道徳」は，道徳教育の要として位置づけられています。「特別の教科　道徳」の目標には，まず3つのキーワードが挙げられています。「道徳的諸価値の理解」「自己を見つめる」「物事を多面的・多角的に考える」です。これらを相互に関わらせて「人間としての自分らしい生き方についての考えを深める」ことを目標としています。具体的には，人間らしさ（よりよく生きる）の根源的意識である道徳的価値意識をはぐくみ，その視点から自分自身を見つめ，道徳的な事象や状況に対してしっかり考えて，日常生活や様々な学習活動において追い求められる力（道徳的判断力，道徳的心情，道徳的意欲・態度）を計画的・発展的に育てていこうとするわけです。

　このことを分かりやすくいえば，だれもがもつ，よりよく生きようとする心を，一人一人が，自分の状況に合わせて目覚めさせ，引き出し，自分らしく追い求め，成長させていくことなのです。

感じ，考え，対話し，自己の生き方を深める授業

　このような「特別の教科　道徳」においては，子どもたち自身が「感じ，考え，対話し，自己の生き方を深める」授業が求められます。授業には，ねらいがあります。ねらいには，道徳的価値が含まれます。教材の世界に入り込み，感情移入しながら，背後にある道徳的価値を感じ取り，みんなと話し合ったり，意見交換したりして，様々な状況を考慮し道徳的価値意識を深めていきます。そして，深めた価値意識から自らとの対話を行います。そして自己課題を見出し，その追究を事後に行うように意欲づけていきます。このような学びが積み重ねられるように様々な工夫がなされます。

多面的・多角的に考える思考スキルを身につける

　「特別の教科　道徳」の授業では，「多面的・多角的に考える」ことが強調されます。そのためには，多様に考えるためのスキルを身につける必要があります。

どのようなスキルが考えられるでしょうか。まず，道徳的な事象や状況に対して，直感的に考えるスキルです。これはスキルというより直感力（気づく力）を磨くことです。そこから分析的思考へと移ります。その基本として，思考の視点移動が考えられます。相手や第三者などの立場から考える「対象軸の視点移動」。過去や結果，将来などから考える「時間軸の視点移動」。条件や状況を変えたり比較したりして考える「条件軸の視点移動」。本質から考える「本質軸の視点移動」です。このような思考の方法（スキル）を日常生活や様々な場において，自由に使いこなせるようになることが求められます。

よりよく生きようとしている一人一人の「よいところ探し」が評価

「特別の教科　道徳」は，目標や内容に示していることをどれだけ身につけたかを評価するのではありません。目標や内容に示されていることに対して，どのように向き合い，自分の中にあるよりよく生きようとする心や力を成長させているかを見取るのです。それは同時に，子どもたち自身が，自己を見つめ，自己課題を見出し，自己指導へと意欲的に取り組んでいくことを応援するものでなければいけません。道徳教育の評価は，子どもたち一人一人がよりよく生きようとする心と力をはぐくむことに関する「よいところ探し」なのです。

そのためには，一人一人のよさを見つける窓口を押さえる必要があります。それが実態把握です。各授業におけるねらいにかかわる実態把握を，一人一人のよさを引き出す窓口ととらえるのです。実態把握においては，当然よくないところもでてきます。それを指導課題ととらえるのではなく，その子のよさ(成長)を見つける窓口だととらえるのです。そうすると，よさを見つけようとすること自体が，その子自身の課題の克服へとつながっていきます。

これからの道徳教育とp4c

このようなこれからの道徳教育において，p4cの意義を確認したいと思います。p4cの理念は，一人一人を大切にすることにあります。サークルをつくることによって，一人一人の存在感やつながりを実感できます。その真ん中にあるものがみんなの求めるものです。共通にそこを意識しながら，みんなでつくった「コミュニティボール」を一人一人に回していきます。そこでは，一人一人に対するリスペクトと信頼が実感できます。だからこそ，子どもたちの心に「セーフティ」の感情が芽生えるのです。

p4cの話し合い活動は，全員が参加しながら話し合いを深めていくスキルを身につけることができます。サークル活動を多様に工夫することによって，様々なスキルを実感を伴って体得することができます。さらに，日常生活でもサークル活動を取り入れることによって，日常生活や様々な学習活動とつながりをもってとらえられるようになります。

道徳教育は子どもたち一人一人をリスペクトすることを根幹として進められます。それを授業や日常生活でどのように具体化していくかが大きな課題です。「特別の教科　道徳」は，そのための基本的なポイントが明記されています。それをどう具体化していくかは，学校現場の先生方の双肩にかかっています。

p4cは，まさに道徳教育の夢を形にする大きな具体的取組であるととらえることができます。p4cの理念を基にしながら，さらに，様々な方法とコラボさせたり，独自の方法を開発したりして，いっそう発展していきますことを念じます。

第1章 道徳科と探究の対話（p4c）

p4c とはどのような教育か

新潟大学　准教授　豊田 光世

対話を通して問い深めていく

　本書が道徳科のアプローチとして紹介する「p4c（ピー・フォー・シー）」は，対話を通して，他者と共に考える力を育むことを目指す教育である。Philosophy for Children（日本語では「子どもの哲学」「こども哲学」などと訳される）の頭文字をとって，p4cと呼ばれている。対話というコミュニケーションは，異なる視点との遭遇の機会を与えてくれる。p4cの対話の目的は，自分とは違う見方，考え方に触れ，新たな発見をしたり，疑問を抱いたりしながら，世界の意味を問い直すことだ。とりわけ，思考を切り開いていく過程で「問うこと（questioning）」が極めて重要な役割を果たすことから，対話を通して「問う力」を育み，子どもたちが自ら学びを深めていくことができるよう促すことが，p4cという教育の焦点である。

　この教育の原型を考案したのは，アメリカの哲学者マシュー・リップマンだ。リップマンは，「哲学的に考える」ことの大切さを説き，そうした思考を育む教育を初等中等教育に組み込むための教授法や教材の開発を進めた。リップマンが開発した哲学対話の教育は，世界のさまざまな国で実践されるようになり，それぞれの文化的・社会的背景を生かして，多様な形に進化してきた。本書で示す実践は，ハワイという多彩な文化が混ざり合う場所で発展したp4cをもとにしている。ハワイのp4cは，探究のコミュニティが醸成するための条件として，「知的安全性（intellectual safety）」，すなわち「セーフティ」の重要性に焦点を当て，独自のスタイルを構築してきた。対話に参加した人たちが，自分の意見を共有することを恐れ，他者の意見に疑問を投げかけることを躊躇していては，考えを深めることができない。「セーフティ」を高めていくことの重要性を子どもたちに伝え，それぞれの心に浮かんだことを，飾ることなく，恐れることなく，声にすることができる場をみんなで作り上げていく。

　セーフティを大切にする考え方の背景には，思考の深まりを，思考力の向上の成果としてだけではなく，共に考える関係性の深化として理解する視点がある。セーフティを損なうことなく，考えを批判的に掘り下げていくコミュニティを育みたい。思考とコミュニティの両面から探究の学びを展開していくことが，本書で示すp4cの重要な考え方である。

基本ステップと3つのポイント

　p4cの基本形は，次の5つのステップからなる。
　1．児童・生徒と教師が輪になって座る。
　2．教材をもとに，みんなで考えたい「問い」を出し合う。
　3．さまざまな問いの中から，対話のテーマを1つ選ぶ。
　4．コミュニティボールを使って対話を進め，問いについて考えを掘り下げる。
　5．時間が来たら対話をやめ，振り返り（自己評価）をする。

　この基本形は「バニラアイス（plain vanilla）」と呼ばれている。アイスクリームにさまざまなトッピングを加えるように，クラスの状態や授業の目的に合わせて基本形をアレンジすることができる。例えば，ワークシートを用いて考えを書くプロセスを加えたり，「ツールキット（P.13参照）」を使って考えを深める練習をしたり，コンセプトマップやベン図を用いて多彩な意見を整理したりする場合もある。したがって，p4cの基本ステップは，厳密に「プロトコル化」されている

わけではない。ただし，p4cを取り入れるうえでは，外すことのできない授業デザインのポイントがある。このポイントを大切にすることで，p4cらしい探究の学びが実現する。

ポイント1　子どもたちの問いから対話を始める。

p4cでは，問い続ける力を高めていくことを目指している。教材をもとに問いを考えることは，情報を受け取るだけでなく，積極的に吟味する姿勢を育むことにつながる。また，対話のテーマとなる問いを子どもたちが選ぶことで，彼らが主体的に探究を切り開く機会を作ることができる。

ポイント2　セーフティの醸成を常に意識する。

どのような時に話しづらいと感じるか，逆に聞いてもらえたと感じるか，意見を出し合ってリスト化しておくとよい。教師はセーフティを育むうえで重要な役割を果たすが，子どもたち自身でセーフティのレベルを確認し，セーフティを高めるための工夫を考えることが重要である。対話の最後の振り返りで，「セーフティはどうだった？」と聞き，改善点があれば提案してもらう。

ポイント3　できる限り子どもたちに進行を任せる。

p4cには，「コミュニティボール（P.10）」や，「深く考えるためのツールキット（P.13）」など，子ども自身で対話を進め，探究を掘り下げるための工夫が組み込まれている。また，対話の最後に行う振り返りは，考えの深まりやセーフティなどを評価し，子どもたちが対話のプロセスを主体的に改善していくための機会である。思考の深まりとコミュニティ形成の両面において，できるだけ子どもたちの参画の機会を作り，主体的な探究の場づくりにつなげていく。

道徳科での展開

道徳の教科化に合わせて，「考え，議論する道徳」という方針が提示された。この方針をきっかけに，p4cを道徳科の授業で生かす試みが活発化してきた。具体的な授業の進め方は，本書で紹介する通り，さまざまある。学級の状況，授業のねらい，教師の個性に合わせて，p4cをうまく生かしていただきたい。

授業のカタチは多彩であってよい。ただし，p4cを道徳科の授業に取り入れるにあたって，共有しておきたい教師の心構えがある。p4cを生かした道徳の授業では，「子どもたちに考えさせる授業」あるいは「議論させる授業」をしてはならないということだ。「○○させる授業」では，教師は常に子どもたちとは異なる場所（多くの場合は上位）にいて，子どもたちの行為を管理する。使役を示唆する言葉によって，無意識のうちに教師と生徒のヒエラルキーが構築されてしまう。p4cを生かした授業では，こうした関係性から抜け出し，教師もコミュニティの一員として，共に考え抜くことが求められる。教師は，考える人のモデルとして，問いと真摯に向き合い，さまざまな意見を受け止め，疑問を抱き，問い直し，新たな意味を見出そうと試みてほしい。そうした教師の姿を見ることで，子どもたちも考えることの意味を体感することができる。

p4c をはじめよう

宮城教育大学　上廣倫理教育アカデミー

1 コミュニティボールを作る

p4cでは，初めにみんなでボールを作ります。円になり，一人一人が自己紹介をしながら，円筒に毛糸を巻きます。でき上がったボールをコミュニティボール（CB）と呼びます。でき上がったCBを使って対話を行います。

コミュニティボールの役割と必要性
〇話し手が誰か分かる　〇持ったときの安心感がある
〇みんなで作ったみんなのボールという意識が生じる
〇言葉を送る，受け取るというキャッチボールのイメージがもてる
〇次の人にバトンを渡すイメージがもてる

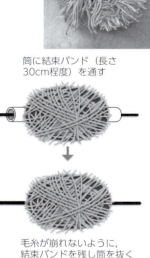

ボールの作り方

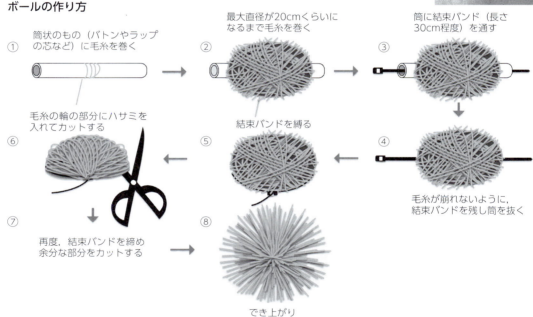

① 筒状のもの（バトンやラップの芯など）に毛糸を巻く
② 最大直径が20cmくらいになるまで毛糸を巻く
③ 筒に結束バンド（長さ30cm程度）を通す
④ 毛糸が崩れないように，結束バンドを残し筒を抜く
⑤ 結束バンドを縛る
⑥ 毛糸の輪の部分にハサミを入れてカットする
⑦ 再度，結束バンドを締め余分な部分をカットする
⑧ でき上がり

2 アクティビティ

〇スピードボール
　CBができ上がったら，ボールの回し方を練習します。友達の名前を呼んで，その相手に届くようにボールを下から投げます。投げ終わったら座ります。ボールを受けた人は，次の人の名前を呼んで，また下からボールを投げ，座ります。時間を計るとさらに楽しくなります。

〇「もし〜だったら」・・・5人ほどで次の問いに移ります。
　例　もし動物になるとしたら，何になりたい？
　　　もしできるとしたら，空を飛べるのと，水の中で息ができるのとどっちを選ぶ？

3 ルールの大切さ

探究の対話(p4c)で大切にしている四つのルールがあります。
ファシリテーターは対話の前にこのルールを確認します。

(1)ボールを持っている人だけが話せる。

- ・ボールを持っている人が発言できます。
- ・持っていない人は，話を聞き，考えます。

> 話を聞く姿勢が育ちます。考えながら聞くようになります。

(2)まだ話していない人にボールを回す。

> できるだけ多くの人の考えを聞くことを大切にします。

- ・同じ人だけが話すことにならないようにします。まだ発言していない人や，意見を聞いてみたい人にボールを回します。

(3)話せないときはパスができる。

- ・発言しないことがいけないことではありません。
- ・聞いていること，考えていることが大切です。

> 話さなくてもよいという安心感をもつことができます。聞くことが大切という気持ちをみんなで共有します。

(4)相手を傷つけるようなことは言わない。

> 話を最後まで聞いてもらえることが分かり，話すことに自信がもてるようになります。

- ・相手が嫌な気持ちになるような態度や発言をしないということです。反対の意見や考えをもってはいけないという意味ではありません。

○互いにルールを守ることで，聞いてもらえるという**安心感**がわきます。
○対話をするコミュニティに**知的セーフティ**が生まれます。
○大切なことは，
　　　　互いの考えを**聞く**ことであり，
　　　　相手に対する**尊敬の気持ち**をもつことです。

探究の対話(p4c)は，円座になって行います。

円座になることの意味
○閉じた円であることは，互いのつながりを意識できる空間を認知することになる。
○互いの表情が見え，安心感が生まれる。
○立場の違いを超えた平等感を作り出すことができる。

11

4　問いを立てること

　探究の対話(p4c)で大切にしているのは"wonder"不思議だと思う気持ちです。一人一人の"wonder"が問いにつながります。
　対話の流れを「プレーンバニラ」という言い方をします。探究の対話(p4c)の基本的な流れのことです。その初めに行うのが問いを立てるということです。

(1)全員が問いを立てる　(2)問いを選ぶ　(3)対話をする　(4)振り返りをする

(1)問いを立てるときには，文章（物語・絵本・説明文など），写真・映像，テーマなどその状況に応じて，何らかの刺激となるものを提示します。初めは，問いの例を示すこともよいでしょう。また，問いを立てるときにWRAITEC（ライテック）を活用することもできます（P.13参照）。**全員が問いを立てる**ことで，参加意識を高めることができます。問いを立てたときから自己内対話が始まります。

(2)多数決で問いを一つ選びます。全員の問いを確認して，一人2票（場合によっては3票）ずつ投票します。自分の問いに票を入れることも，一つの問いに自分の票を全部入れることも可能です。問いが選ばれたら，みんなで決めた問いについて，各自が，意見とその理由を書きます。書くことで，自分の考えが明確になり，対話後の考えとの比較もできます。「分からない」も一つの答えです。

(3)対話は，選ばれた問いを立てた人から始めます。問いを立てた理由と，問いに対する自分の考えを話し，話を聞いてみたい人にボールを渡します。

5　問いの生かし方

　多数決で問いを選びますが，選ばれなかった問いも大切です。
　ファシリテーターは，全員の問いを見ておきます。一つは，みんながどんな考えをもっているか，大まかに把握するためです。もう一つは，対話を深めるための「掘り下げの問い」として「こんな問いが出ていたのですが。」と投げかけることができるからです。みんなが立てた問いの中には，違った視点からの問い，みんなが出している考えの前提についての問いが含まれていることがあります。さらには，次の対話の機会に，問いにしたいという意見が出る場合もあります。子どもが立てた問いに込められた思いを教師はしっかりと受け止めたいものです。対話を深めるための「掘り下げの問い」は，初期の段階では，ファシリテーターが出すこともありますが，本来子どもの中から生まれてくることが望ましいと考えます。

6　WRAITECについて

　WRAITEC（ライテック）は，深く考えるためのツールキットです。WRAITECを使うことが，探究の対話(p4c)の哲学的な部分と言えます。

(1) "WRAITEC"はどんな意味？

W	What do you mean,　we mean by?	どういう意味かな？（意味）
R	Reason	なぜそう思うの？（理由）
A	Assumption	それって当たり前かな？（前提）
I	Inference,　If…then…	もし〜なら〜ということになる？（推論）
T	True	本当にそうかな？（真実　事実性）
E	Example,　Evidence	例えば？　証拠は？（事例　証拠）
C	Counterexample	でも，こういうこともあるのでは？（反例）

(2) "WRAITEC"はどう使う？
○問いを立てるときに。
○子どもたちが対話を深めるために。
○ファシリテーターが掘り下げの問いを出すときに。

(3) "WRAITEC"を使うメリットは？
○思考力・想像力を育む手がかりとして役立つ。
○当たり前だと思っていることも「問うこと」で，多面的多角的な考えを生む。
○回を重ねるごとに，自然に"WRAITEC"を使って考えるようになる。

(4) "WRAITEC"をどう伝える？
○7枚のカードにして提示する。
○一度に全部ではなく，実態や発達の段階に応じて，何回かに分けて使い方を説明し，提示する。
○提示の仕方は
　　ア　円の中心にカードを並べて置く。
　　イ　必要なカードだけを子どもに持たせる。
　　ウ　一人一人が小さなカードにして持つ。　等

（砂金 みどり）

探究するとはどうすることか

宮城教育大学　教授　川﨑　惣一

　「探究の対話（p4c）」が目指しているのは，子どもたちの素朴な問いを大切にしながら，集団で対話を進めることによって問いを掘り下げ，お互いが思考を深めていくことです。これが「探究する」ということの意味です。深く考えることは一人でもできますが，集団が一つのコミュニティを作って対話を通じて思考を深めていくことに，p4cの特徴があります。

　とはいえ，子どもたちと一緒に円になって座って，問いを決めて，毛糸で作ったボールを回して発言を促してみたからといって，必ず「探究」が始まるかどうかは分かりません。ボールが次々と回っていき，いろいろな発言が出されたとしても，思考が深まっていくという感触のないまま，「いろいろな意見が聞けてよかった」という感想だけで終わってしまうかもしれません。

　p4cにチャレンジしてみたものの，「探究」がうまくいっていないように感じられるとすれば，理由はおそらく三つあります。順に説明してみます。

①「セーフティ」が十分に成り立っていない

　p4cでは，「何を話しても笑われたり馬鹿にされたりしない」「みんなに自分の意見を聴いてもらえる」「発言を強制されない（パスしてもかまわない）」といった，「セーフティ」のある空間づくりを重視しています。落ち着いた雰囲気の中で「聴く・考える・話す」ができているかどうか，まずはこれを確認してみるところから始めてみましょう。

②「対話」が成立していない

　ファシリテーターである教師を介した話し合いになってしまっていて，他の人の意見に賛同したり反対したり，あるいは質問したりということもなく，参加者同士での話し合いが成り立っていない，ということもあり得ます。ファシリテーターが誰かを指名したり，誰かの発言に対して助け船を出したりすることは，あってもかまわないと思いますが，いつもそんなふうだと，参加者たちを受動的にしてしまいます。

③自分の考えが明確になっていない

　問いがうまく理解できていないので発言しづらい，ということではなく，問いの意味は分かっていても発言が出てこなかったり，何か言いかけてやめてしまったり，ということがあるかもしれません。そんなときは，p4cハワイが開発した「よく考える人のためのツールキット（Good Thinker's Toolkit）」を活用するといいでしょう。その内容と使い方についてここでくわしく説明はしませんが，「どういう意味？（W）」，「理由は？（R）」，「本当？（T）」，「たとえば？（E）」，「もし…だったら？（I）」など，思考を掘り下げるためのきっかけや導きとなるような問いかけのリストだ，と考えればよいと思います。

　「ツールキット」の使い方はさまざまです。ファシリテーターが対話の中で，子どもたちの発言に対して「理由は？」「たとえば？」と聞き返すこともできます。またこのことは，子どもたち自身に「何か発言するときにはしっかり理由を言わないと」とか，「具体例を交えて説明するといいよね」といった仕方で，思考を深める意識を養ってもらうことにもつながることでしょう。他にも，対話の最初のところで問いを立てるときに，「今日は『なぜ？』や『本当？』の問いを立ててみよう！」と指示することもできるでしょう。

ただし言うまでもなく，「ツールキット」を使えばただちに思考が深まっていく，というわけではありません。「ツールキット」の使い方に熟達したとしても，それで「探究」がうまくいくようになるかどうかは，確かなことではありません。そもそも，「ツールキット」を使わなくても，「探究」は十分に可能ですから。ここでまた，振り出しに戻ってしまいそうです。「探究」するにはどうすればいいの，と。

　「探究」のイメージをつかむために，そもそも「思考が深まる」とはどういうことなのかを考え直してみましょう。たとえば，子どもたちが問いに関心を示して次々と自分なりの答えを発表してくれているとき，「思考が深まって」いると言えるでしょうか？　反対に，参加者たちが考え込み始めてボールが回らなくなってしまった場合はどうでしょうか。発言はそれほど活発でなくても，一人一人がじっくり考えているなら，それでいいはずではないでしょうか？
　一般論として，私たちが「思考の深まり」を自覚的に実現できるようになるためには，大人であっても，それなりのトレーニングが必要です。p4cが大事にしようとしているのは，「問いに導かれながら対話を通じておのずと思考が深まっていくこと」なのですが，p4cの経験を積み重ねてコミュニティがそれなりに成熟していないと，この段階に到達するのは難しいと思います。とはいえ，早々とあきらめてしまうことなく，p4cを通じて「聴く，考える，話す」という経験を積み重ねていくならば，ファシリテーターが先導した結果ではなく子どもたちからの自発的な発言のなかに「思考の深まり」が感じ取られる，という瞬間が来るはずです。これに気づけるようになることは，ファシリテーター自身の成長の証でもあります。

　では，結局のところ，「探究」するにはどうすればよいのでしょうか？　はっきりした結論を示すことは難しいですが，基本的に，答えの見つからなさそうな問いをみんなで共有し，対話を通して，問いに対する答えへと向かって自分たちなりに近づいていこうとしている限り，それはすでに「探究」になっているのだ，と言えると思います。対話をするのは，自分一人ですぐに思いつくような答えでは満足できないからです。いろいろな答え，いろいろな考え方ができるかもしれません。そして，問いが答えの見つからなさそうなものであるなら，どんな答えが示されようとも，そこで満足してしまうわけにはいかないでしょう。もっといいアイデアがあるかもしれませんから。答えへと一直線に近づいていくことはできません。もしそれができるとすれば，それは，あらかじめ答えが見えている場合だけです。でも，もしそれが見えているなら，あえて対話を試みる必要があるでしょうか？
　ですから，問いに対する答えへと少しでも近づこうとする情熱が共有されているかぎり，対話はいつも「探究」になっているはずなのです。答えを見つけるというプロセスそのものを愛し，楽しむこと，ここにこそ「知恵を愛し求めること」＝「哲学（p4cのp）」の醍醐味があります。
　アメリカの哲学者バートランド・ラッセルは哲学の価値について次のように書いています。

　　「問いに対して明確な解答を得るために哲学を学ぶのではない。なぜなら，明確な解答は概して，それが正しいということを知りえないようなものだからである。むしろ問いそのものを目的として哲学を学ぶのである。なぜならそれらの問いは，『何がありうるか』に関する考えをおしひろげ，知的想像力を豊かにし，多面的な考察から心を閉ざしてしまう独断的な確信を減らすからだ。」（バートランド・ラッセル『哲学入門』，髙村夏輝訳，ちくま学芸文庫，2005年，P.195）

道徳科実践事例

第2章 事例の見方

宮城教育大学　上廣倫理教育アカデミー

　本事例は，宮城教育大学上廣倫理教育アカデミーが，小学校1年生から中学校3年生までの学習指導案を提案し，現場の先生方に実践していただいた授業を基に作成したものです。ここで提案した実践は，現場の先生方から道徳科の授業で取り組みにくいという意見が聞かれた内容項目や，新教材などを考慮しました。探究の対話（p4c）ならば「主体的・対話的で深い学び」が実現できることをご理解いただけると考えています。

1　表紙のページ
・本時の内容項目と教材名（東京書籍）を明記しました。
・本時の内容項目に関する「児童・生徒の実態と対話する良さ」を挙げました。

2　授業コンセプト
　テーマの理解，**教科書教材**の活用，**授業計画**を示し，授業の工夫・改善を提案しています。また，「WRAITEC（ライテック）の活用」など，探究の対話（p4c）で大切にされていることも盛り込んでいます。

3　教材文とp4c・授業の流れ
　探究の対話（p4c）を取り入れる場合でも，教材文の流れを把握し，どの段階で探究の対話（p4c）を行うかを考えることは，道徳科の授業を行う上での大きなカギになります。
　教材文や内容項目，児童・生徒の発達段階や実態に応じて，教材の活用の仕方が変わってきます。登場人物の言葉でこそ自分の本当の気持ちを語ることができる場合，教材文から離れることで自分自身の生活や考えを振り返ることができる場合などを考慮して提示しました。

4　授業記録
　全体の流れや授業のポイントが捉えられるように児童・生徒の発言の記録を載せています。探究の対話（p4c）で大切にしている「児童・生徒の立てた問い」「対話する中で生まれた新しい問い（掘り下げの問い）」については，特に強調して示しています。なぜなら，新たな問いが生まれることは，対話における思考が広がったり深まったりしている場面だからです。「掘り下げの問い」はファシリテーター役の教師が出すだけでなく，児童・生徒の中から生まれている事例もあります。

5　授業における児童・生徒の見取り
　発言の様子だけでなく，ワークシートやノートを活用して授業における見取りをしています。また，対話そのものについての自己評価も大事にします。

6　授業者の声，授業者の声を受けて，授業について
　授業分析のために授業者へのインタビューを行い，「授業者の声」「授業者の声を受けて」として記載しました。さらに，大学の研究者，道徳科の指導的立場にある先生方のコメントをいただいております。

（砂金 みどり）

実践事例 1

小学校 1 年

正直, 誠実
「あのね」

- うそをついてはいけないと分かっていても，相手との関係やその場の状況においてうまく判断できず，素直な心で本当のことを話すという行動を取れない時期である。

- 無意識下に育っている1年生にとって，友達との対話から「どうして正直になれないのか」について考えることは，とても大切である。うそやごまかしをしないで正直に行動することの良さについて気付かせたい。

デジタル読み聞かせと挿絵の活用場面

17

授業コンセプト

内容項目

正直，誠実　　　A-2

うそをついたり，ごまかしたりしないで，素直に伸び伸びと生活すること。

テーマ

しょうじきなこころで（主題名　正直で素直な心）

教材名

「あのね」　東京書籍『あたらしいどうとく』　1年　P.94～97

テーマ設定の理由

　過ちや失敗は誰にでも起こりうることである。その時の自己保身的なうそやごまかしは真の解決には至らず，他者の信頼を失い，自分自身の中に後悔や自責の念などを生じさせる。それを乗り越えるのが正直な心であり，自分自身に対する誠実さであり，伸び伸びと過ごそうとする心の明るさである。本当のことを言える素直な心を育て，明るく伸び伸びと生活することの心地良さを感じ取らせたい。

事前に立てる問い
- 「正直な心」について問題意識をもたせておく。

挿絵の活用（デジタル教材とCDによる読み聞かせ）
- 本当のことが言えず悩む登場人物の心情をつかませる。
- 最後の挿絵から，正直に話すことが気持ちを軽くすることに気付かせる。

WRAITEC（ライテック）の活用
- 「理由」を必ず述べさせる。

登場人物の立たされた状況に自我関与し，対話を通して「正直な心」について考える。

教材文と p4c

登場人物の心情を考えてから，問いについて対話する。

教科書 P.94　L10

「チッチ，あかい　くるま　しらないかなあ。なくしちゃったんだ。」

教科書 P.94　L14

おもわず，「しらない。」

教科書 P.94　L16

うそ　ついちゃった。
「トービー，あのね。」どうしても　いえない。むねが　ちくちく　いたい。とげが　ささったみたいに。うそって，とげなんだ。

教科書 P.96　L1

「とげを　ぬいて　あげるよ。」

教科書 P.96　L8

「あ，ありがと。ぼく，**うそ　ついてた**。ごめんね。」

教科書 P.96　L10

「ほんとうは　おにいちゃんの　くるま。おにいちゃんには　しらないって　**うそ　ついちゃった**。だから　おにいちゃんと　はなす　ときは，**どきどき**。」

教科書 P.96　L15

「**ぼくの　ちくちくと　おんなじだ**。おにいちゃんに　かえさなきゃ。」

予想される問い
うそをつくのは，どんなときか。

予想される問い
うそをついたことがない人はいるのか。

19

授業の流れ

【事前】テーマから問いを立てる

発問

　次の学習では,「正直な心」について学習します。「正直」とは,うそをつかない,ごまかさないことです。では,「うそをつかない。ごまかさない。」ということについて疑問に思っていること,みんなに聞いてみたいこと,知りたいこと,みんなで話し合ってみたいことはありませんか。
　　(発表の後)
　では,みなさんが出した問いの中から,四つに絞りました。この中から問いを選びましょう。

予想される問い

① うそをつくのはどんなときか。
② なぜ,うそをついてはいけないのか。
③ 人は,なぜうそをつくのか。
④ うそをついたことのない人はいるのか。
⑤ うそをつくと,なぜお母さんにおこられるのか。
⑥ どうしてごまかしてしまうのか。
⑦ うそをつくと,どんなきもちになるか。
⑧ うそをつくのはわるいことか。
⑨ ごまかされると,どんなきもちになるか。
⑩ ついていいうそはあるか。　　　　　　など

【本時】登場人物の気持ちを基に p4c で深く考える

ねらい

うそやごまかしをしないで素直に伸び伸びと生活することの大切さに気付く。

1 教材文の内容を読み取る

○今日は「正直な心」について学習します。

○「あのね」を読みますので，どんな内容のお話か，登場人物の気持ちや行動を考え
ながら聞きましょう。

　＊挿絵をテレビ画面に映し，デジタル読み聞かせをする。

○チッチとトービーの「ちくちく　どきどき」している気持ちを考えましょう。

　＊本当のことが言えず悩む気持ちについて「とげがささったみたい」と表現してい
る部分を取り上げ，正直に話すととげが抜けることに気付かせる。

2 対話を始める

○p4cのルールを確認します。

　① ボールを持った人だけが話せる。

　② まだ話していない人や話を聞いてみたい人にボールを回す。

　③ 話がまとまらないときは，パスができる。

　④ 友達が傷つくことは言わない。（態度にも表さない。）

○今日の問い「例：うそをついたことのない人はいるのか。」について考えていきま
しょう。

○今日の問いを立てた人から，この問いにした理由を話してもらいます。

○では，この問いについて，話したい人からボールを回します。

〔掘り下げの問い〕

┌─＊予想される掘り下げの問い＊───────────────────────

　例　「うそをついてしまったので，後悔しています。」という意見がありましたが，「どう
してうそをつくのは良くないと思うのですか？」

　例　「うそをつくのはどんなときですか？」

└──

┌──────────────────────────────────────┐
│　　　　　　　　　　　～対話にあたって～　　　　　　　　　　　　　│
│☆同じような体験の話が続いたときに，本当のことが言えなかった気持ちを共有し│
│　ながら，素直に話すことの良さについて気付かせる。　　　　　　　　　│
└──────────────────────────────────────┘

3 本時を振り返る

○今日の対話から分かったことなどをワークシートにまとめましょう。

○振り返りの発表をしましょう。

○今日の「探究の対話（p4c）」について振り返りをします。

評価の視点

○登場人物の気持ちを基に，選ばれた問いについて対話をし，自分の体験を振り返って，う
そをついたりごまかしたりしないで正直に明るい心で生活する良さに気付くことができる。

授業記録

Ⅰ 教材文を読む

T 「正直」とは何でしたか。
C1 本当のことを言う。
C2 うそをつかないで，本当のことを言うこと。
　※ デジタル教材とCDで読み聞かせを聞く。
　※ 黒板の挿絵を確認する。
T お話の中身は分かりましたか。
C3 トービーの赤い車をチッチが持ち帰った。
C4 トービーに「赤い車知らない？」って聞かれたけど，「知らない。」って答えた。
C5 チッチは「あのね。」って言ってから，車を返そうか考えてる。
C6 正直にどうやって言えるかなあって考えてる。
C7 返そうか，どうしようか悩んでいる。
C8 トービーと一緒に遊んでも楽しくない。
C9 ちょっとちくちくして，とげがささったみたいになっている。
C10 とげがすっごく痛くて遊べない。
C11 とげがささったみたいに，心が痛い。つまようじみたいにチクチクしている。
C12 チッチの「ふうっ。」は心が疲れているから。
C13 トービーがとげを抜きにきたけど，本当のとげではないから，チッチが車を返した。
C14 トービーもお兄ちゃんの車をこっそり持ち出して，お兄ちゃんには「知らない。」ってうそついちゃった。トービーはうそついてドキドキしていた。お兄ちゃんに怒られるから。
C15 最後は二人で車を返しに行って，うれしそうな顔をしている。
C16 すっきりした顔になって，良かった。
C17 もうドキドキしない。気持ちがいい。「怖くないよー。」って思っている。
C18 「知らない。」って言っちゃう気持ち分かる。
C19 どうしようってなったこともあるし，ドキドキしたこともある。
　※ 円座になって対話を開始

Ⅱ 選ばれた問い

> ### どうして，うそやごまかしはだめなのか。
>
> ─● 問いを立てた理由 ●─
> 　うそをつくと，自分の気持ちが痛くなるからこの問いにした。私は，正直に言ったほうがいいかなと思う。

C20 うそをつくと，本当に言いたいことが分からなくなるから，ごまかしちゃだめ。
C21 うそをつくと，相手が探している物がいつまでたっても見つからないから，相手を困らせてしまう。

22

- C22 後から大変なことになったりすることもあるから、うそはだめだと思う。
- C23 例えば、自分が「貸して。」と聞かないで、はさみを借りてしまったとして、「はさみ、どこにあるー？」って聞かれて「知らないよ。」って言ってしまって、結局、家の奥にあったりして、いつまでも見つからないと、その問題が解決しないかもしれない。
- C24 うそをついたら「うそついたでしょ。」って怒られるから、うそついちゃだめだと思う。
- T 小学校のとき、夏休みの作文の宿題を最後の日に思い出して、お姉さんに代わりに書いてもらいました。私が話したことをお姉さんに書いてもらっただけだから、自分の作文でもあると思って、担任の先生に「自分で書きました。」と言ってしまいました。
- C25 ごまかしちゃったんだね。
- T その後、大変なことにはならなかった。
- C26 それは良かった
- T 良かったのでしょうか。
- C27 良くない。ずるはだめだと思う。

Ⅲ 掘り下げの問い(1)

どんな時にうそをついたり、ごまかしたりするのか。

- C28 お姉ちゃんのゲームを勝手に使ったとき。
- C29 お母さんに内緒でお菓子を食べたとき。怒られた。
- C30 お兄ちゃんの好きなカセットを抜いて他の物にしてしまい、保存しなかったとき。うそをついちゃだめだなあって思った。
- C31 お姉ちゃんの鉛筆を一緒に探したとき、あったのに「無かった。」と言って自分の机に隠してしまった。うそついて怖い気持ちにならないようにするため、隠してしまった。

Ⅳ 掘り下げの問い(2)

もし、うそをついても怒られなかったらどうか。

- C32 また、やってしまう。
- C33 また同じことをしてしまう。
- T ごまかしてばれなかったことを40年たっても思い出します。ちくちく、どきどきが残ったまま。本当のことを言えば良かったなあと。
- C34 とげがささったままの人がいるかもしれない。
- C35 本当のことを言うと、トービーやチッチのように気持ちがすっきりすると思う。

Ⅴ 振り返りをする（挙手）⇒ 書く

- T 「や・ゆ・よ」の振り返りをします。「や」優しく聴くはどうでしたか？「ゆ」ゆっくり話すは？「よ」よく考えるは？
よく考えることができた人が多かったようです。
では、よく考えたことをワークシートに書きましょう。

ワークシートによる振り返り（記入内容から抜粋）

○みんなの言っていたことが，よく分かりました。うそをつくのはやめようと思いました。うそをつくと，すごいことになってしまいます。うそはぜったいだめだと思います。

○先生の話を聞いて，ちくちくやどきどきは，正直に言わないと抜けないんだなって思いました。

○うそをついたらいやな気持ちになります。だから，うそをつかず，正直になりたいと思います。

○正直に言うことがいいと思います。気持ちがすっきりするからです。

○みんなの話を聞いて，ぼくは，うそをついてはいけないと思いました。でも，どうして正直に言えないんだろうって思いました。

○チッチがうそをついていて，トービーもうそをついていたなんて，びっくりしました。正直に車を返して良かったです。本当にうそをついてはいけないと思います。

○うそをついたとき，正直に言ったほうがいいんだと分かりました。

板書事項

授業者の声

○子どもたちが話しやすいのはp4cの良さである。随所に教師の説話を入れたのは，円座になった p4cの雰囲気の中で，伝えたいことが自然に入っていくと思ったからである。

○p4cをすると，普段，話をしない子どもが話すようになる。そのことが顕著になった。p4cは話しやすく，活躍する子どもが出てくる。そして，聞くことができる子どもたちになった。授業の中ではコミュニティボールがよく回っていた。子どもたちはよく聞き，活発で，物おじしなくなったと感じる。子どもたちの話す力・聞く力が，さらに伸びていくと期待できる。

○円座になると，みんな一緒というフラットな関係になる。児童の机を黒板の方に向け，教師が対面で授業をすると，児童が本音で話すことはない。やはり円座になることが大事。1年生なりに何かを考えていれば良い。この子はどう考えているのかと知りたいとき，子ども同士の話を聞かせたいときにp4cを行うようにしている。

○今回はT2の先生と共にp4cを行った。自分一人では行き詰まってしまう場面でも，違う視点が入り，対話を広げることができる。道徳で生かすという点でp4cのバリエーションをどうつくっていくか，もっとp4cを学びたいと思う。

授業者の声を受けて

○**授業構想**として，事前に問いを立て，本時で教材文の読み取りを基に対話をするという流れを提案している。読み取り道徳にならないように，テーマ「しょうじきなこころで」から，疑問に思っていること，みんなで話し合ってみたいこと，みんなに聞いてみたいことを問いとして立てさせた。この事前の問い立ては，児童一人一人に問題意識をもたせることにつながった。全員の問いから，内容項目に適していると思われる問いを四つに絞り，最終的に選んだ問いは「どうして，うそやごまかしはだめなのか。」である。

○**教材文の読み取り**はデジタル読み聞かせと挿絵を効果的に活用し，物語の顛末についてしっかりと捉えさせることができた。また，登場人物のチッチに共感し，本当のことを言えずに悩んでいる心情を読み取りながら，正直に話すことの良さ（道徳的価値）にも気付かせることができた。

○**p4cによる対話**では，児童から，うそやごまかしの体験がたくさん出され，「正直な心」について自分との関わりで考えている様子がみられた。また，友達の考えや教師の話からも，いろいろな考え方や感じ方に触れ，価値についての理解を深めることができた。根拠を明らかにするために「理由」を必ず述べさせる学習は，児童の発言がテンポよくつながり，それぞれの考えを十分に聞き合うことのできる場となった。

　本実践では，事前の問い立て，読み聞かせ，p4cによる対話，T・T授業，板書の活用など，様々な指導の工夫を行っている。中でも教師の体験談は，価値理解に対する児童の興味・関心を高め，「正直になることの大切さ」について深く考えさせることができた。発達の段階に応じて対話の時間を取り入れたことによって，児童は安心して話したり聞いたりしながら，素直な心情を表現していた。振り返りでは「うそをついてはいけない。でもどうして正直になれないのだろう。」と考え続けている児童がおり，自己を見つめている様子が感じられる。

（宮城教育大学　上廣倫理教育アカデミー　特任准教授　髙橋 隆子）

授業について

内容項目に向かって共に考える姿

宮城県登米市立北方小学校校長　前宮城県北部教育事務所次長
成瀬 陽子

　登場人物への自我関与を通して「正直な心」について考えさせるために，挿絵を有効に活用した後，p4cによる対話を取り入れている。これまでの授業は読み物資料の登場人物の心理理解にのみ偏ったものが多かった。しかし，本実践では，教師も児童と対等な立場で話を聞き，考え，自身の体験談を話し，多様な感じ方や考え方に触れさせている。この体験談が児童の心を揺さぶり，「ごまかしちゃったんだね。」「ずるはだめだと思う。」などの素直な発言を引き出すことにつながった。教師も児童もない，内容項目に向かって対等に考えている様子が伝わってくる。

　いつの間にか児童は資料から離れ，自分ごととして考え，話し始めている。p4cの手法で最も大切にしているのは，セーフティである。本学級には何を言っても否定されないというセーフティがある。対話の前にルールの確認を行ったことも1年生にとっては大切なことと言える。このセーフティが児童の素直な考えを引き出したと言える。

　「や・ゆ・よ」の振り返りの視点も参考になる。これにより，先生や友だちの話を聞いてよく考えていること，また，授業が終わっても考え続ける児童がいることが評価できる。児童の笑顔がたくさん見えてくる実践である。

児童らが自分たちで気づくことができるのが p4c のメリット

宮城教育大学准教授（臨床心理学）
久保 順也

　正直であること，誠実であることはなぜ望ましいのか。うそやごまかしはなぜ望ましくないのか。これらの問いに対して，まだ社会通念に染まっていない低学年だからこそ自由で活発な議論を期待したい。

　教材文「あのね」は，うそをついたチッチが「ちくちく」した痛みを感じていたり，同じくうそをついたトービーが「どきどき」していたりと，うそをついた罪悪感が身体感覚で表現されている。罪悪感という複雑な感情を，低学年の児童にも分かりやすいようにするための工夫だろう。ただ，この捉えをそのまま先の問いの答えに当てはめれば，「うそをつくと『ちくちく』『どきどき』するから望ましくない」ということになり，結局，正直・誠実が望ましい理由は「自分の気持ちが『ちくちく』『どきどき』しないで済むから」という発想に至る。これは深い理解と言えるだろうか。

　実際には，児童らはp4cの中で，C21「相手を困らせてしまう」，C22「後から大変なことになる」，C23「その問題が解決しないかもしれない」，C24「怒られるから」等，多様な理由を挙げる。うその実害は多岐にわたるということに，児童らが自分たちで気づくことができるのがp4cのメリットである。

　しかし現実には，良くないことと分かっていても人はうそをついてしまうのであり，ある児童がワークシートに書いたように「どうして正直に言えないんだろう」という次の疑問が生じる。可能なら，引き続きこの問いを深く掘り下げてみたい。

実践事例2

小学校2年

伝統と文化の尊重，国や郷土を愛する態度

「ながい　ながい　つうがくろ」

- 児童は，身近な自然に囲まれて生活している。また，学校や地域でも昔遊びや季節の行事に触れ，我が国の伝統や文化に親しむことを経験している。しかし，そこに関わる人たちによって守り育てられていることには気付いておらず，自分から関わりを深めようとする意識もあまり見られない。そこで，生まれ育った故郷を大切に思う気持ちを育てたい。

- 対話を通して自分たちの町を見直し，「町のどんなところが好きか」について考えながら，人との関わりこそが町の良さであることに気付かせたい。通学路での様々な出会いを思い起こす活動は，児童にとって楽しいものであり，改めて自分たちの町に対する愛着と親しみが増すことにつながるであろう。

中心にライテックカードを置き，円座になって対話

27

授業コンセプト

内容項目

伝統と文化の尊重，国や郷土を愛する態度　　　C-15

我が国や郷土の文化と生活に親しみ，愛着をもつこと。

テーマ

わたしたちの町，わたしたちのくに

（主題名　わたしたちの町，わたしたちの国）

教材名

「ながい　ながい　つうがくろ」 東京書籍『新しいどうとく』 2年　P.74～76

テーマ設定の理由

児童は，自分たちが生活する地域の身近な自然や文化に直接触れることが多く，そこに関わる人々との交流もある。そうした日常の経験を国や郷土への愛着と親しみにつなげる必要がある。この愛着と親しみを十分意識できるようにしたい。

事前アンケート
●登場人物と同様の体験を振り返ることで，問いを立てやすくする。

問いの収集
●問いを立てるための十分な時間を設け，問いを集める。

写真や図の活用
●地域の様子を視覚的に提示し，具体的な体験を想い起こさせ，町の良さを共有する。

生活科との関連
●町探検の体験から季節の変化等に気付くことで，地域への関心を高めさせる。

WRAITEC（ライテック）の活用
●「理由」「例えば」を使うよう促し，考えの根拠や具体例をもたせる。

体験を基に対話し，地域や故郷への理解を深める。

教材文と p4c

自分の身近な地域について対話し，教材文で視野を広げる。

テーマ「わたしたちの町，わたしたちのくに」を基に問いを立てる

予想される問い
なぜ　この町の大人は
やさしいのか。

予想される問い
通学路には
何があるか。

予想される問い
どうして　この町は
自然がいっぱいなのか。

教科書 P.74　L1
通学路は　とても　楽しい

教科書 P.74　L3
通学路の「おはよう。」
　工場のおじちゃん
　友達
　仲間

教科書 P.75　L3
通学路の林さん
　あいさつ
　近所の人
　「気をつけてね。」

教科書 P.76　L3
**季節ごとに変わる
通学路**
　春　ニセアカシア
　夏　びわの実
　秋　たくさんの落ち葉
　冬　木がはだか

教科書 P.76　L8
**日本では　季節を感じて　過ごす
　町には　自然がいっぱい**

教科書 P.76　L13
**いろんな人に会えて　いろんなものを見て
　楽しくて　ながい　ながい　通学路**

29

授業の流れ

【事前】問いを立てる・問いを集める・アンケートを取る

発問1

「わたしたちの町」についてみんなで話し合いたいこと，疑問に思っていること，みんなに聞いてみたいことをメモに書き，箱の中に入れておきましょう。このメモは，あとで道徳「ながい　ながい　つうがくろ」の問いにします。いくつでも良いですから，思いついたことを書いておきましょう。（児童が立てた問いは，２週間ほどの期間をかけて「不思議ボックス」に集めておく。）

予想される問い

① なぜこの町は，自然がいっぱいあるのか。
② この町にお店は何軒あるのか。
③ 中央公園にある木の名前を知りたい。
④ 大森緑地のサクラの木は，誰が手入れをしているのか。
⑤ 夏祭り以外に，町のイベントは何があるのか。
⑥ 緑地公園はいつできたのか。
⑦ 町ができて何年たつのか。
⑧ この町の大人は，どうして子どもに親切なのか。
⑨ この町の子どもは全体で何人いるのか。
⑩ 公園の遊具が少なくなったのはなぜか。　　　　　　　など

発問2

　自分が住んでいるこの町の良いところ，好きなところについてアンケートを取りますので，質問紙に記入しましょう。
　　○質問紙：「あなたが住んでいる町のどんなところが好きですか？気に入っているところはどこですか？」

【本時】問いについて対話し，さらに教材文から深く考える

ねらい

住んでいる町の良さについて話し合い，郷土や我が国の伝統と文化を大切にしようとする思いを深める。

1　事前アンケートの結果から，自分の町の良さについて考える

○導入としてアンケートの結果について伝える。
○生活科の町探検でもいろいろな人が働いていて，日々お世話になっていること，自然がいっぱいですてきな町であることを振り返る。
　＊生活科で調査したときの写真や地図を提示し，具体的な体験を想い起こさせる。
○「不思議ボックス」の中から四つに絞り，問いを決定する。(一人2票)

2　対話を始める

○p4cのルールを確認する。
○今日の問い「例：なぜ，この町の大人は子どもに親切なのか。」について考える。
○今日の問いを立てた人から，この問いにした理由を話させる。
○この問いについて，話したい人からボールを回す。

〔掘り下げの問い〕
○子どもたちから出てくることが望ましい。多くの意見が出たり，似たような考えに偏ってきたりしたタイミングを見計らい，教師が掘り下げの問いを出すこともある。

＊予想される掘り下げの問い＊
　例　「この町の大人は，私たちを見守ってくれている。」という意見がありました。
　　では，「大人は必ず子どもに親切にしなければならないのでしょうか？」
　例　「本当に誰もが親切なのでしょうか。」

〜対話にあたって〜

☆自然の豊かさだけではなく，児童が日ごろ感じている町の人との関わりについて話し合うことで，町の良さを創り上げているのは，様々な行事や文化を通した人との触れ合いであることに気付かせたい。

3　教材文を読む（範読）

○アンケートや対話の中で出されたこととの共通点を整理する。

4　本時を振り返る

○今日の対話や教材文から，自分の通学路について新しく気付いたこと，分かったことをワークシートにまとめる。心に残った言葉も記入する。
○振り返りの発表をする。
○今日の「探究の対話（p4c）」について振り返る。

評価の視点

○自分が住む町の良さについての対話と教材文の読み取りを通して，地域や周りの人への考えや視野を広げることができる。

授業記録

Ⅰ 事前アンケートの結果を知り，問いを決定する

T　この町のすてきなところについて考えましょう。
C 1　自然が多く，生き物も多い。きれいな花がたくさん咲く町。
C 2　お店や公園が多い。
C 3　助け合いをしてくれる人がたくさんいる。
C 4　みんな仲良し。
C 5　みんな笑顔。
C 6　みんなが元気に挨拶をしてくれる。
C 7　仲良しの友達がたくさん住んでいる。
C 8　住んでいる人が優しい。
C 9　アンケートから分かることは，みんないい人。
T　笑顔になるのも，元気な挨拶をするのも住んでいる人ですね。「不思議ボックス」にも，地域の人について問いを立てた人が多かったです。問いを整理して三つにしました。今日の問いを決めましょう。

Ⅱ 選ばれた問いで対話を始める

なぜ，この町の人たちは優しいのだろう。

T　まず，問いについて，一人一人自分の考えをワークシートに書きましょう。

> **●　問いを立てた理由　●**
> 　学校に来るとき，落ち葉を掃除してくれる人がいる。今日は「この町の人はどうして優しいのだろう」ということについて，みんなで考えたかったので。

C10　みんなが優しくしてあげているから，たぶん町の人も優しいからだと思う。
C11　近所の人たちは，困っているときに助けてくれることがある。
C12　わたしは，みんなが優しいとは限らないと思う。理由は，たまに不審者がいて，不審者がこの町の人であれば，悪い人だから。
C13　たぶん，みんな大人というプライドがあるから優しくしてくれると思う。
C14　大人にプライドがあるって本当ですか。
C15　プライドとは何ですか？
C16　プライドとは，大人という自信。勇気とか，そういう子どもに優しくできる気持ちがあるということ。
C17　地域の人は，この町をきれいにしたいと思っている。理由は，自然がいっぱいあるから。
C18　ときどき挨拶をしてくれない人もいる。理由は，すれ違っても気付いてくれないから。
C19　通りすがりに挨拶をしない人がいるのは，本当ですか。
C20　こちらから挨拶をすれば，たぶん気付いて返してくれるのではないかと思う。

Ⅲ 掘り下げの問い

大人は，必ず子どもに優しくしなければならないのか。

C21 叱っている大人がいるのは，嫌いだから叱っているのではなく，悪いまま大人にならないように叱ってくれている。

C22 大人は子どもの将来をよくしないといけないから，気を遣って注意している。

C23 大人が子どもを叱るのはいいことだと思う。例えば赤ちゃんが皿を割って叱られなかったら，そのまま平気でいる。注意するのは，将来困らないようにするため。

T 家の人に限らず，大人が叱るのは，実は優しいからということですか。この町の人たちは，家の人のようにみんなのことを思ってくれているということでしょうか。この町の人が，私たちのために，何か優しいことをしているのを見たことはありますか。

C24 落ち葉掃除をする人は，いつも誰かのことを思って，みんなが歩きやすいようにやってくれていると思う。

C25 子どもが何か悪いことをすると，大人は怒る。怒られた子どもは，優しくない大人だと思ってしまうけど，本当は大人は優しくて，大人も子どもも優しくし合っているのでは。

C26 緑地公園でお父さんと遊んでいて，ボールをなくしたとき，知らないおじいさんとおばあさんがボールを探してくれた。優しい人たちだと思った。

C27 町をきれいにする当番とか，ごみ拾いとか，それをやると町がきれいになるから，大人がみんなで始めたのだと思う。

C28 学校の縦割り活動で木の周りを掃除していたとき，木の上に鳥の巣箱を見付けた。児童センターにもあったので，鳥の巣箱はいったい誰が作っているのかなあって思う。

T 「不思議だなあ」という新たな問いが出てきました。

Ⅳ 教材文を読む（範読）

T このお話を聞いてみると，私たちの町と同じことがあるかもしれません。また，新しい発見があるかもしれません。

Ⅴ 振り返りをする（発表）⇒ 書く

T みんなで対話をして新しく発見したことや「ながい　ながい　つうがくろ」のお話を聞いて気付いたことがあったら発表しましょう。

C29 私は，いつも通学路の横断歩道で，見守ってくれている名前の知らないおじさんに「おはようございます。」と挨拶をしています。向こうからも返してくれるのがうれしいです。

C30 通学路にいつもおばさんが立っていて，近くまで行くと「何かあったの？」と声をかけてくれます。話を聞いてくれる優しいおばさんがいます。

T １年生の友達に，学校の通学路にはこんないいところがあると教えるつもりで，ワークシートにまとめましょう。

T 今日の学習で心に残ったことを一言発表しましょう。

C31 みんな仲良し。

C32 みんな親切。

C33 優しい町。

ワークシートによる振り返り（記入内容から抜粋）

児童	問いに対する最初の考え	対話と教材文を通して，通学路について分かったこと・気付いたこと	心に残った言葉
A	この町の人は，ほとんど優しい。まよった時に助けてくれる。	朝，横断歩道で，おばさんが「今日は何があるの？」と声をかけてくれる。私も返事を返すとうれしい気持ちになる。	うれしい 助け合う町 優しい町
B	みんなが優しくしているから，町の人も優しい。	私は学校に行くとき，帰るとき，町の人に「おはようございます。こんにちは。」を言うと，必ず返してくれる。	この町はすてき
C	人はみんな優しいわけではないけれど，この町の人は親切だから，優しい人に変わる。	私の通学路には，秋になると紅葉やいちょうの葉，ぎんなんが落ちていて，木の下を掃除してくれる人がいる。	みんな優しい
D	みんな優しいとは限らない。理由は，この町に不審者がいるかもしれないから。	犬の散歩をする人がたくさんいて，挨拶をすると「おはよう。」と返してくれる。「今日も頑張ってね。」や「いってらっしゃい。」と言ってくれて，とてもうれしい。これからは，もっと大きな声で挨拶したい。	みんな仲良し
E	大人は昔，経験しているから子どもに優しい。人はどんどん成長して，優しくなっていくと思う。	通学路の横断歩道で交通安全を見守っているおじさんが大きな声で「おはよう。」と言ってくれる。学芸会のときもコンクリートの隙間を掃除している人がいて，優しいと思った。	助けてくれる
F	町全体で助け合いをしているので，みんな優しいのだと思う。	私の通学路は自然がいっぱい。春や夏に花がきれいに咲いているすてきな町。	自然が豊か

板書事項

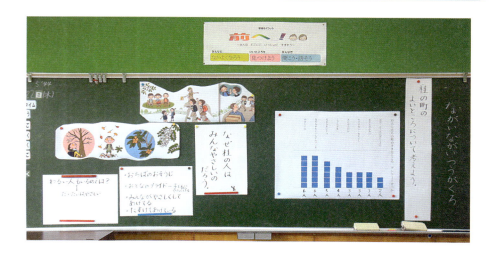

授業者の声

○2年生にとって，「国や郷土を愛する」という価値は捉えにくい。自然の豊かさや人との関わりから地域の良さを実感させたいと考えた。時期的に児童が参加する地域清掃があったため，日常を絡めた道徳の授業を実践した。児童は，落ち葉掃除や町の景色も含めて，通学路のことは十分理解していたようだ。人との交流に焦点を当てたことが，本実践の価値理解につながったと思われる。

○授業のコンセプトとして，学校の行事や生活科の授業で学習したことを基に対話をさせた。資料だけではなく，体験を材料として自分たちが考えたい方へ意識を向けさせることができた。

○p4cによる対話は，それぞれが普段何気なく感じている町の良さについて「それってどういうことなのか」と一人一人が深く考えるきっかけとなった。児童が考えについて理由付けできたときは「理由は」というライテックカードを出したが，いろいろなことに目が向き，地域の良さに新たな気付きをもたせることができた。当たり前のことと通り過ぎてしまうものに「本当なのか」「どうなのか」ゆっくり立ち止まって話し合わせた結果である。p4cは「問いについて深く味わっている瞬間」が生まれ，それが実感となる。p4cによって児童の心が開かれていくことがセーフティになる。同じことを考えている人がいると分かることはうれしいことで，児童同士が互いの声を聴く雰囲気が学級の中にできていく。いつの間にか関係性が築かれる。

○道徳の授業では，教材文や日常生活の疑問から問いを立てさせているが，p4cは児童の生活と道徳をつなぐために一役買っている。児童は，p4cの道徳が楽しいと思っている。教師自身も児童の声を拾い，発言内容を分類する力が身に付いてきたと感じる。

授業者の声を受けて

○**授業構想**は，内容項目から問いを立て，対話の内容と教材文との関わりで共通点を見いだしながら「町の良さ」について深く考えていくという流れである。初めに「問い」に対する自分の考えを書かせ，じっくりと対話を進めたことが，児童一人一人に明確な考えをもたせることになり，本単元のテーマ「わたしたちの町」における価値理解，他者理解を深めることができた。

○**p4cによる対話**では，児童の発言から様々な視点がうかがえる。地域の方々に守り育ててもらっていることを感じながら，明るく伸び伸びと生活していることの証であろう。普段，何気なく過ごし，当たり前に捉えている「もの」「ひと」「こと」を改めて見つめ直し，新たな気付きを基に，身近な故郷や地域についての親しみをもつ学習となった。

○**「WRAITEC（ライテック）」の活用場面**では，児童が「理由」や「例」を述べた際にライテックカードを提示し，発言の根拠や具体を明らかにしている。また，友達の意見に対して「本当ですか？」と問い直し，新たな疑問についても意見を交換している姿は，互いの考えをしっかり受け止めようとする意識の高さの表れである。道徳の授業における他者理解が学級内にセーフティを構築し，児童同士の関係性を築いていると言える。

　テーマに沿った本実践の提案によって，児童は，町の良さを創っているのは人であることに気付き，地域との関わりや交流を深めることが故郷に対する愛着や親しみにつながるということを学んだ。道徳における「主体的・対話的で深い学び」を進める試みとして大いに評価できる。こうした国や郷土について考える授業を通して，実生活でも地域の行事や文化に積極的に関わろうとする児童の意識が高まることを期待したい。

（宮城教育大学　上廣倫理教育アカデミー　特任准教授　髙橋 隆子）

授業について

安心感のある学級づくりがその基盤

宮城教育大学特任教授
堀越 清治

　低学年の視点Cにある「国や郷土を愛する態度」の内容項目に関して、生活科の町探検などを関連させた総合的な指導計画を基に探究の対話を取り入れ、よく吟味された道徳の授業構想に敬意を表したい。

　「私たちの町」について話し合いたい問いを、時間をかけて集め、一方で自分の町の好きなところのアンケートを取ることで、自分の住む町への関心が高まる。問題意識をもちながら、家の人に町の良さを尋ねたり、登下校中に見る景色や声をかけてくれる町の大人の姿を見つめ直したりする。児童が選んだ問いは、「なぜ、この町の人たちはやさしいのだろう」。児童は様々に考えを話し、中には「大人にはプライドがあるから」「それは本当ですか」「プライドとは何ですか」と、小学2年生同士の問いで対話が進むのがすばらしい。担任が掘り下げの問いを投げかけ、さらに対話が深まる。最後に教材文の範読を聴き、対話と教材文を合わせて、気付いたことを自分の言葉でまとめていく。教師が明確な意図をもち、緻密な授業構想と教材分析、対話を楽しむ児童の豊かな感性を通して、本時のねらいに迫ることができた見事な授業と言える。

　本実践を行った担任は、探究の対話に対して造詣が深く、道徳以外に国語や特活でも意欲的な実践をしている実力派の先生である。児童は、「p4cが楽しい。対話をすることが楽しい。」と語っており、自分の話をしっかり聞いてもらえるという安心感をもっている。そうした学級づくりがあってこそ、探究の対話を活用した授業実践が可能となったのである。

子どもたちが積極的に問うことに挑んでいる

新潟大学准教授（合意形成・対話教育）
豊田 光世

　子どもたちがWRAITECのツールを上手に生かしながら考えを深めている様子が見受けられる。他の人の発言を聞き流さずに、意味を確認しながら（例えばC14、C13、C19など）、丁寧に対話の流れを理解しようとしている姿が印象的である。また、反例（C）をあげながら推論（I）を展開しているC12の発言は、クラスのセーフティの高さを表していると言えるだろう。反例を示すことは異論を投げかけることであり、対話を掘り下げるきっかけを生み出す。

　p4cは、問い続ける力を育むことを重要な目標の一つとしている。問いに対する答えばかりを求めがちな学校教育の中で、問いから問いが生まれることの大切さや面白さを子どもたちに伝えることは、教師の重要な役割である。最後に新たな問いが提示され（C28）、そのことの大切さを教師が確認して対話を終えているが、この確認は大きな意味をもっている。

　授業者は、子どもたちの生活と道徳をつなぐうえでp4cが効果的だと感じているようだ。今回の対話でも、実体験をふりかえって対話することができている。一方で、具体的な思考と抽象的な思考が、重なり合って展開していくこともp4cの対話の醍醐味である。「やさしさとはなにか」を問い深め、改めて「町の人のやさしさ」を考えてみるのも面白いのではないか。

実践事例3

小学校3年

友情，信頼
「なかよしだから」

- 中学年になると行動範囲が広がり，集団で活発に活動するようになる。そのことから，友達との結束を大切にしようとする仲間意識が芽生える時期である。反面，友達だからという理由で善悪の判断をあいまいにし，自分中心の考え方に流されてしまうこともある。

- 気の合う友達同士で仲間をつくり日々過ごすことは，子どもたちにとって，このうえなく楽しいものである。しかしその関係性は，友達の良くない行為に対して指摘したり注意し合ったりできるところまで至っていないことが多い。「良い友達とはどんな友達なのか」について対話をし，ときに友達の間で起こるトラブルをどのように解決していけばよいのか，自分ごととして考えさせたい。

自分の考えをホワイトボードにネームカードで表してから対話を始める場面

授業コンセプト

内容項目

友情，信頼　　B-9

友達と互いに理解し，信頼し，助け合うこと。

テーマ

友だちとしんらいし合う（主題名　本当の友達）

教材名

「なかよしだから」 東京書籍『新しいどうとく』3年　P.70～73

テーマ設定の理由

　この時期の児童は，交友関係が広がり，仲間意識の発達がめざましい。その反面，友達同士，良いことも悪いこともあいまいにして，一緒になって悪いことをしたり，友達の悪い行為を見過ごしたりする場合も多い。どうすることが相手のためになるのかを考え，互いを尊重しながら教え合い，認め合い，心を通わせて助け合っていこうとする態度を養いたい。

事前学習
●主体的に学習に取り組ませるため，教材文から問いを立てさせる。

アンケートの実施
●「良い友達とは，どんな友達か。」のアンケートを取り，「本当の友達」について考えさせる。

ネームカードの活用
●自分の立場を明確にすることによって，友達との考えの違いに気付かせる。

WRAITEC（ライテック）の活用
●「なぜなら」「例えば」「でも」などを使い，対話を深める。

「良い友達とは」を自分ごととして捉え，対話を通して問題解決力を高める。

教材文と p4c

教材文から立てた問いで対話し，友達との関わり方について深く考える。

教科書 P.72　L1　　　　　　　　　　　教科書 P.71　L9

「まだ時間がある。
自分でやれよ。」 「しゅくだいをわすれてきたんだ。答えを教えて。」
　実さんは　とてもなかよし
　算数がとくい
　きのう　ボールのなげ方を教えてあげた
　実さんはとてもよろこんでいた
　おかえしに答えを教えてくれるにちがいない

教科書 P.72　L4　　　　　　　　　　　教科書 P.72　L3

「なかよしだから，
なお教えられないよ。」
　これはしゅくだい。
　ボールなげとはちがう。 「どうして。ぼくとなかよしだろう。」
　カーブのなげ方を教えてやったじゃないか。

教科書 P.72　L8

「そんなのあるか。もういいよ。」

教科書 P.72　L13　　　　　　　　　　教科書 P.72　L14

ぼくが手をあげているのを見て，実さんはにっこり。 ぼくは，ふん，とそっぽをむいた。

教科書 P.72　L16　　　　　　　　　　教科書 P.72　L17

休み時間にも，ほうか後にも，声をかけてきた。 ぼくは知らないふり。口をきかなかった。

教科書 P.73　L2

家へ帰ってしばらくすると気になってきた。
なぜ，「なかよしだから　なお教えられないよ。」
と言ったのか，考えこんでしまった。

予想される問い
本当の友達とは，どんな友達のことをいうのか。

予想される問い
よい友達ってどんな人？

予想される問い
どうして　友達とけんかをしてしまうのか。

39

授業の流れ

【事前1】教材文から問いを立てる・問いを選ぶ

発 問

教材文「なかよしだから」を読んでみんなで話し合いたいこと，疑問に思っていること，みんなに聞いてみたいことを問いにしましょう。
　（児童は問いを立てる）
次の学習で「本当の友達」について話し合います。みなさんが立てた問いの中から，四つに絞りました。この中から問いを決めましょう。
　（一人2票入れる）
問いが決まりましたので，自分の考えをワークシートに書きましょう。

予想される問い

① どうして友達とけんかをしてしまうのか。
② どんな人が良い友達なのか。
③ 友達はたくさんいたほうがいいのか。
④ 仲良しだと，どうして宿題の答えを教えてはいけないのか。
⑤ どうして実さんは「教えられないよ。」と言ったのか。
⑥ 答えを教えてもらえなかったぼくは，どんな気持ちになったか。
⑦ 本当の友達って，どんな友達のことをいうのか。
⑧ 親友とはどんな人のことか。
⑨ 友達と仲良くするには，どうしたら良いか。
⑩ みんなには，大切にしたい友達がいるのか。　　　　　　　　など

【事前2】アンケートを取る

発 問

友達のことについてアンケートを取りますので，質問紙に記入しましょう。
　○質問紙：「あなたにとって良い友達とは，どんな友達ですか？」

【本時】登場人物の行動について話し合った後，対話をしながら深く考える

ねらい

友達とのよりよい関係の在り方について考え，友達を大切にしようとする思いを深める。

1　事前アンケートの結果から，「良い友達とは」について考える
○導入としてアンケートの結果について伝える。
○「いいち，にいっ，いいち，にいっ」の教材で学習した「励まし合い」について触れる。

2　教材文の内容を確認する
○黒板に挿絵を掲示し，物語の顛末と価値の把握を行う。
　※「なかよしだから，なお教えられないよ。」に着目させる。
○実が取った行動について考えさせ，自分だったら実と同じことが言えるかどうか，理由を話しながらホワイトボードにネームカードを貼るように促す。

3　対話を始める
○p4cのルールを確認する。
○今日の問い「例：仲良しだと，どうして宿題の答えを教えてはいけないのか。」
○今日の問いを立てた人から，この問いにした理由を話させる。
○この問いについて，話をしたい人からボールを回す。
〔掘り下げの問い〕

┌─＊予想される掘り下げの問い＊──────────────────
│　例　「本当の友達は信頼できる人。」という意見がありました。では，「信頼し合える友達」
│　　　とは，どういう友達だと思いますか。
│　例　「信頼し合うためには，どうすれば良いですか。」
└────────────────────────────────────

┌────────────── ～対話にあたって～ ──────────────
│☆本単元では，友達と互いに助け合っていこうとする関係にとどまることなく，友
│　達の良くない行為は相手のことを考えて受け入れないという健全な友達関係が大
│　事であることに気付かせたい。友達だからこそ，ときに断ったり忠告したりする
│　場合もあることについて考えさせ，自己の生活を見つめられるようにする。
└────────────────────────────────────

4　本時を振り返る
○教材文や今日の対話から，友達関係について新しく気付いたこと，分かったことをワークシートにまとめる。（心に残った一言も記入する。）
○初めに書いた考えとどう変わったか，振り返りの発表をする。
○今日の「探究の対話（p4c）」について振り返る。

評価の視点

○教材文の読み取りと対話を通して視野を広げ，「友達との関わり方」について深く考えることができる。

授業記録

Ⅰ 事前アンケートの結果を紹介し，教材文の内容を確認する

T 「なかよしだから」は友達と信頼し合うことについての学習です。信頼とはどういう意味でしたか。

C1 信じること。親友みたいな。

T アンケート結果を紹介します。一番多かったのは，優しい友達。次は心配をしてくれる人，助けてくれる人，話を聞いてくれる人，一緒にいると楽しい人，仲良くしてくれる人。そのほかに悪いことをしない人，人の気持ちが分かる人がありました。ところで，「なかよしだから」の教材文で，主人公は実さんに何をお願いしましたか。

C2 「宿題を忘れたから答えを教えて。」と。

C3 実さんは一番の友達，大の仲良しだからお願いした。

C4 でも，実さんは「なかよしだから，なお教えられない」と断った。

C5 だから，宿題を自分でやるしかなくなった。

C6 答え合わせのとき，実さんはにこっとしたのに，ぼくは，ふんとしていた。

T もし，自分が実さんだったら「仲良しだから教えられないよ。」と言えますか。

C7 言えない。

T 言えるか，言えないか，ホワイトボードにネームカードを貼りましょう。真ん中に貼った人もいますね。それぞれ理由を聞いてみましょう。

C8 算数の勉強で答えを教えてもらっても意味がない。自分の力で頑張ればいい。

C9 実さんのように言えない。友達だから，答えを教えてしまう。

C10 言えるときもあるし，言えないときもある。言えるのは，自分の力でやってほしいとき。でも，仲良しだと教えてしまうかもしれない。

Ⅱ 選ばれた問いで対話を始める

> **「なかよしだから，なお教えられない。」と言われたぼくは，どんなことを思っていたのか。**
>
> ┄┄┄┄┄┄┄┄ ● 問いを立てた理由 ● ┄┄┄┄┄┄┄┄
>
> 言われたすぐ後は，「いいじゃないか友達なんだから。僕に冷たい。」と思った。家に帰ってから，「悪いことしちゃった。実さんは正しいことをしてくれたのに。ぼくは口をきかなかった。許してくれないかもしれないけれど，あやまろう。それからありがとうも。」と思ったのでは。

C11 家に帰ったら「ボールの投げ方は教えられるけど，答えは教えてくれるとは限らない。自分が悪かった。」と考えた。

C12 言われたすぐ後は，「なんで。」家に帰ってから「僕が間違えていた。明日，素直にあやまらなくちゃ。」

C13 「答えを教えてもらったら自分のためにならない。」と思った。

C14 言われたときは「ひどいよ。」と思った。家に帰ってから「実さんを無視しちゃった。嫌われちゃったかな。実さんにあやまろうかな。」って。

C15 家に帰ってから「ちょっと言い過ぎたかな。悪いことをした。どうして教えてくれないと言ったか分かった。仲良しだからこそ，勉強をしっかりできるようになってほしいと思ったんだ。ごめんね。実さんの気持ちが分からないなんて。」と思った。

C16 「なかよしだから教えられない。」って言ったのは，まだ時間があったし，宿題は自分でやるべきだと思ったから。

C17 「実君に頼まないで，最初から自分でやればよかった。」と思っているのでは。

Ⅲ 掘り下げの問い（1）

嫌われるかもしれないのに，どうして教えられないと言ったのか。

C18 とっくに親友だから気持ちを分かってほしい。自分で解いて算数を好きになってほしい。

C19 もし，実さんが答えを間違えていたら，「ぼく」の答えも一緒に間違ってしまうから。

C20 もし，答えを教えてもらっていたら，どうなったかな。

C21 友達として好きだけど，答えを教えてしまうとゼロの関係になる。

C22 教えてしまうと，本人が中学校や将来で困るから，教えないほうが良い。

Ⅳ 掘り下げの問い（2）

親友だったら，困っている友達を助けてあげるべきではないか。

C23 みんなに教えるのも良くないけど，仲良しだからって教えるのも良くない。

C24 宿題を忘れたのは自分のせい。自分でやらなきゃだめだと思う。

C25 ぼくは，忘れた友達に教えてあげる。理由は，教えたほうがもっと友達になれるから。

C26 教えて助けてあげる。親友から「友達やめる。」って言われたらさみしいから。

C27 私は教えない。なぜなら，自分でやらないと分からなくなるから。

C28 ぼくも教えない。答えを写すだけでは，友達の本当の力にならないから。

Ⅴ 振り返りをする（書く）⇒　発表

T どんなに仲良しでも，答えを教えないという人がいます。誰かが言ってくれたように，友達には，「ずるはだめだということを教えてあげたい」「相手の将来のことを考えてあげている」という意見もありました。では最初の考えと対話をして変わったこと，分かったことなどをワークシートに記入しましょう。

T 今日のp4cでどんな言葉が心に残りましたか。発表しましょう。

C29 やらなければならないことは自分でやる。理由は，勉強は自分のためにすることだから。

C30 「なかよしだから，なお教えない。」という言葉がいいと思った。

C31 実さんが，なぜ答えを教えないかが分かった。「ぼく」のことを考えていてくれたから。

T では，今日の振り返りをします。
①自分の考えを話しましたか。
②友達の考えをよく聞きましたか。
③自分の考えが深まりましたか。

ワークシートからの見取り

<p4c ワークシート>   児童　A

教材名　「なかよしだから」

今日の問い
「なかよしだから　なお教えられない。」と言われたぼくは，どんなことを思っていたのか。

1　問いに対する自分の考え

（言われたすぐ後）せっかくきのう，カーブの投げ方を教えてあげたのに。どうして答えを教えてくれないのか。ぼくたち，一番のなかよしだろう。
（家に帰ったら）なんでぼくは，「答えを教えて。」って言ってしまったのか。実君の気持ちを考えないで，どうしてあんなことを言ったのか。実君にあやまらなくちゃ。

> 教材文から問いを立て，クラスで今日の問いを一つ選んだものである。答えを教えてもらえると思い込んでいた「ぼく」が断られた時の気持ちを考えることになった。

> （家に帰ったら）の文章から，教材に自我関与し，考え込んでしまった「ぼく」の思いに気付き始めていることが分かる。

2　今日のp4cで分かったこと

○○さんの「明日，素直にあやまらなくちゃ。」という考えがいいと思った。今日の p4c で分かったことは，みんなの考えを聞いても自分の考えが変わらなかったことです。

> 友達の話をよく聞き，印象に残った言葉を記述している。対話をとおしても「自分の考えは変わらなかった」と自分を見つめ，自己理解を深めた。

3　心に残った言葉

親友だから

4　振り返り

自分の考えを話しましたか	◎	◯	△
友達の考えをよく聞きましたか	◎	◯	△
自分の考えが深まりましたか	◎	◯	△

　児童Aは，教師の範読から，登場人物の心情をおおよそ把握しており，本時においても「良い友達とはどんな友達なのか」について真剣に考えていた。振り返りでは，自分の考えが変わらなかったことを確信し，「なかよしだから，なお教えられない」は「ぼく」のことを心から考えて言った実の言葉であることを理解した。友達同士のトラブルはどう解決すれば良いのか，対話を通して3年生なりに考えることができたと言える。

授業者の声

○以前，同じ内容項目の教材があり，主題が「助け合う」だったが，本時は，良くないことをしようとする友達に対してどうすることが本当の友達なのかを考えさせたい授業だった。大切な友達にはどう接したらよいのか，深く考えることができた。

○事前にアンケートを取ったことで，本単元のテーマについて考えるきっかけが生まれ，自分なりの考えをもたせることができた。また，実が自分だったら同じように言えるかどうか，ネームカードで意思表示させた活動は一人一人の立場を明確化した。「こんなときは言える」という状況を想像している中で，子どもたちの葛藤が見えた。そのことにより，対話が深まった。

○コミュニティボールは，話したい気持ちにさせる力がある。ルールがあると安心して話せるのがp4cの良さである。友達の考えを聞いて，自分の考えが変わったとワークシートに書く子どもが増えた。普段の生活にも，自分だったらどうするかと生かせるようになり，子どものために役立っている。一方通行ではなく，やり取りができるようになった。

○p4cをするたびに，深く考えられる問いを立てるようになった。繰り返すことでスキルが上がる。「傷つけることは言わない」というルールで安心できているのか，他の授業にも良い影響が出てきた。クラスに攻撃的な言葉が無くなり，みんなで受け入れている雰囲気がある。

○道徳の授業がやりやすくなった。子どもの表情や振り返りの言葉から，p4cで議論することを楽しんでいると感じる。子どもたちはp4cが好きで，学習意欲も高まっている。

授業者の声を受けて

○**選ばれた問い**は，「『なかよしだから，なお教えられない。』と言われたぼくは，どんなことを思っていたのか」である。教材文の読み取りにとどまっている問いと捉えられるが，実はどんな考えからそう言ったのか，解決すべき問題を子どもたち自身が意識して対話に入ることができた。嫌われるかもしれなくても，相手のことを思って行動する友達について深く考えることは，豊かに生きることにもつながる。問いを立てさせる際は，児童の主体性を大事にしたい。

○**本単元は問題解決的な学習**である。仲間をつくって楽しもうとする傾向のあるこの時期に，自分の利害にこだわることなく，互いの考えを理解し合える大切な存在としての友達関係に気付かせたい内容である。実践では，自分との関わりで考えることができるように，自分が実だったら同じことが「言える」「言えない」をネームカードで示させ，更にその理由を述べるよう促していた。中には「分からない」とした児童もおり，その発言から心の葛藤が見えた。問題解決的な学習における指導の工夫は，児童の主体的に判断する力を高めることができたと言える。

○**WRAITEC（ライテック）**は，ルールの確認後に「もし〜ならば」（推測）「でも」（反例）「なぜ」（理由）「例えば」（例）など，中学年の実態に合わせて提示していた。対話の中で「もし，実が答えを教えていたらどうなったか。」と投げかけた児童がおり，p4cの経験を重ねてきたことで，WRAITEC（ライテック）を自然に活用しながら深く考えようとする姿が見られた。

　本実践では，児童にとって友達関係は重要な人間関係の一つであることから，学校生活がより充実するよう，指導の効果を上げる手立て（①教材文からの問い立て　②アンケートによる意識調査　③自分の立場を明確にするためのネームカード　④WRAITECの活用）を提案し，友達と仲良くする大切さについて深く考えさせる学習を展開した。p4cの実践を積み重ねてきた成果として，多様性を受け入れようとする児童の心の成長が感じられることは望ましい限りである。

（宮城教育大学　上廣倫理教育アカデミー　特任准教授　髙橋 隆子）

授業について

子ども同士で理由を尋ねたり問い返したりする姿

仙台市立新田小学校校長　仙台市小学校教育研究会道徳部会長
須藤　洋

　導入で，「あなたにとってよい友達とは，どんな友達ですか？」ということを話させた後に，「もし自分が実さんだったら，仲良しだから教えられないよ。」と言えますかという発問を投げ掛け，児童に立場を決めさせて自分の考えを述べさせる時間を確保したことはとても良かった。「教えられない」，「教える」，「どちらでもない」の理由を聞き合い共有することで，多様な考えを持つ仲間がいることが理解できたのではないかと思われる。次に，『掘り下げの問い』（1）の際に，児童から「もし，答えを教えてもらっていたら，どうなったかな？」という問いが出され，二人の児童がそれに答えている。この問いをみんなで考える時間は，答えを教えてあげた場合の友情のあり方について深く考えることを可能にした時間だったのではないか。最後に，『掘り下げの問い』（2）で「親友だったら，困っている友達を助けるべきではないか。」について，「教えて助けてあげる理由」，「教えない理由」を交流できたことは，「親友だからこそ教えられない」という考えもあることを理解させる上でとても良い『問い返し』だったと思う。対話を通しても自分の考えは変わらなかったという抽出児の振り返りの文章からは，自己を見つめ，多面的・多角的に考えたうえで，やはり自分の考えは変わらないというように，話し合い以前よりも確固たる理由をもって自分の考えに到達していたことがうかがえた。

教師にとっても新しい発見があるような展開を目指す

宮城教育大学教授（哲学）
川﨑　惣一

　教材文の内容に沿った授業展開のなかでp4cを実践してみようという試みで，教師にとっても生徒たちにとっても，スムーズに授業を進められたのではないかと思う。事前にアンケートを取ったことで，あらかじめ授業の焦点をしぼっておくことができただけでなく，児童の興味をうまく引きつけることができている。
　問いを立てるところから対話をスタートさせ，さらに対話の流れに応じて「掘り下げの問い」を示すことで，授業全体のリズムが非常に整っているという点がとてもよいと感じた。道徳の授業にp4cを取り入れるのは，まだp4cの経験があまりない先生にとって抵抗があるかもしれないが，この授業をお手本にして同じようなやり方で進めれば，対話をスムーズに進行させることができるのではないだろうか。
　少し気になったのは，問いを立てる直前に教材文の確認をして，この教材文のポイントになるところに注意を向けようとしたことで，児童の思考に一定の枠をはめてしまうことになっていなかったかどうか，という点である。とはいえ，教科書を使って道徳の授業を進めるという前提がある以上，そうした指導は避けられないかもしれないので，対話を掘り下げていくなかで，ファシリテーターである教師にとっても新しい発見があるような展開を目指すと，もっとよくなると感じた。

実践事例 4

小学校 4 年

感動，畏敬の念
「花さき山」

- 4年生は，生活の範囲が広がり，多くの人との出会いがあり，友達と行動することも多くなる時期である。人のために行動することに喜びを感じたり，人のために努力したいと考えたりする一方で，その価値に気付いていないことがある。

- 人の心にある「美しいもの，気高いもの」に意識を向け，これまでの経験を基に対話することで，自分のもつ感動する心に改めて気付くことができる。

一人一人が問いを立てる場面

授業コンセプト

内容項目

感動，畏敬の念　D-20

美しいものや気高いものに感動する心をもつこと。

テーマ

美しいもの，気高いもの（主題名　人の心の気高さ）

教材名

「花さき山」　東京書籍『新しいどうとく』　4年　P.92～95

テーマ設定の理由

人の心の美しさや気高さに触れたときの感動を大切にするには，それらに意識的に触れようとする心を育てることが必要になる。感性や知性が著しく発達するこの段階であることを配慮し，本時においては，人の心の美しさや気高さを感じ取る心をもっている自分に気付かせたい。

テーマ・内容項目・ねらいから問いを立てる
- 子どもにとって説明が難しいと思われる「気高さ」という言葉の意味を知らせる。

教材文「花さき山」の朗読
- 対話した中で考えた「美しさ」や「気高さ」に触れる機会として，対話の後に「花さき山」の朗読を位置づけ，一言感想を交流することで，互いの感動を共有することができる。

他教科・日常生活との関連
- 国語科との関連として「四年生の本だな」
- 教室に花さき山を作ろう…「教室に感動の花を咲かせよう」

日常生活を振り返り，「美しいもの，気高いもの」について疑問に思うことを問いにすることで，「美しさ」「気高さ」「感動」を生活の中でどのように捉えているかを子ども自身に意識させたい。

教材文と p4c

p4cの後に「花さき山」の朗読を聞き，感動を味わう。

内容項目「人の心の美しさや気高さに感動する心」を基に，問いを立てる。

予想される**問い**
人はどんなときに感動するのか。

予想される**問い**
人の心が美しいとはどういうことか。

毎日の生活の中で感動することはあるか。
予想される**掘り下げの問い**

教科書 P.92　L13

> ここにこんなに一面の花。今まで見たこともねえ花がさいてるので，どでんしてるんだべ。な，当たったべ。
> この花が，なしてこんなにきれいだか，なしてこうしてさくのだか，そのわけを，あや，おめえは知らねえべ。それはこうしたわけだしゃー。

教科書 P.93　L5

> この花は，ふもとの村の人間が，やさしいことを一つすると一つさく。あや，おまえの足もとにさいている赤い花，それはおまえがきんの（きのう）さかせた花だ。

教科書 P.94　L4

> それそこに，つゆをのせてさきかけてきた小さい青い花があるべ。それはちっぽけな，ふたごの赤んぼうの上の子のほうが，いまさかせているものだ。

教科書 P.94　L17

> つらいのをしんぼうして，自分のことより人のことを思って，なみだをいっぱいためてしんぼうすると，そのやさしさと，けなげさが，こうして花になって，さきだすのだ。やさしいことをすれば花がさく。

教科書 P.95　L12

> けれどもあやは，そのあとときどき，（あっ！今花さき山で，おらの花がさいてるな。）って思うことがあった。

49

授業の流れ

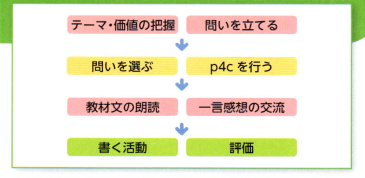

テーマ・内容項目から子どもが立てた問いで対話を行う

ねらい
対話と教材文の朗読を通して，人の心の美しさや気高さに感動する心に気付き，それを大切にしようとする思いを深める。

1 問いを選ぶ
○テーマ・主題名・ねらいをもとに「人の心の美しさや気高さに感動する」を提示する。
○「気高さ」の意味（その人から感じられる立派さ。優れている感じ。）について説明する。
○各自が問いを立てる。
○教師が，全体の傾向を把握し，主題との関連からいくつか問いを選び，多数決で一つの問いを選ぶ。

予想される問い
例 「人はどんなとき感動するのか」「人の心が美しいとはどういうことか」

2 対話を始める
○選ばれた問いに対して各自が考えを書く。
○選ばれた問いを出した子どもから，「なぜその問いを考えたか」「自分はどう考えるか」について話し，対話を始める。

〔掘り下げの問い〕
○子どもたちから出てくることが望ましい。多くの意見が出そろった様子や，意見が偏ってきた様子，具体性がなくなってきた様子などが見られたときには教師が掘り下げの問いを出すこともある。

予想される掘り下げの問い
例 「人の心の美しいところとは例えばどんなことか」「感動をしたことはあるか」

～対話にあたって～
☆経験や思考したことを基に，「人の心の美しさや気高さ」について考えを深める。
　WRAITEC（ライテック）の活用　⇒　「例えば」「反対の例は」「本当かな」
　自分の経験を話すことは，問いを自分ごとと捉えていると判断する要素の一つになる。しかし，経験を語る場にはセーフティが必要である。

教師の朗読「花さき山」を聞く

3 教材文「花さき山」の朗読を聞く
○朗読を聞いた後に，一言感想を交流する

～対話することと朗読を聞くこと～
☆「人の心の美しさや気高さに感動する」ことについて対話し，自分の考えを深めたところで，朗読を聞き，感動を実感させたい。
☆朗読の後に一言感想を交流し，友達がどんなところに感動したか，自分の考えと比較してどうかなどについて自己内対話をし，振り返りに書くことで「人の心の美しさや気高さ」を大切にする心を育むことにつなげる。

4 本時を振り返る
○対話を通して自分が考えたこと，最初に書いた考えと変わったところ，考えが深まったり広がったりするきっかけになった発言のことなどをノートに書く。深く考えることで分からなくなることがあってもよいので，そのことについても記録しておく。
○朗読を聞いて自己内対話をしたことをもとに，「人の心の美しさや気高さ」に感動すること，大切にすることについて自分の考えを書く。

評価の視点
○選ばれた問いで対話をし，「人の心の美しさや気高さに感動すること」について自分の考えを深めたり広げたりすることができる。
○「花さき山」の朗読を聞き，「人の心の美しさや気高さに感動する」気持ちに気付くことができる。

板書予定

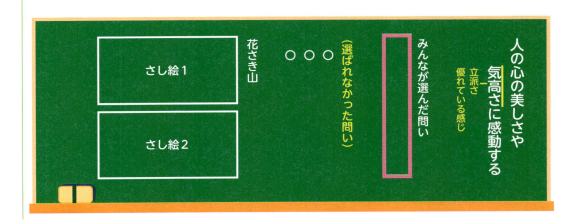

授業記録

Ⅰ 選ばれた問い

人の心の美しさって何？

● 問いを立てた理由 ●
みんなにとって人の心の美しさって何かを聞いてみたかったから。

C1 人の心の美しさは，人を傷つけないことと，広い心だと思う。
C2 人の心の美しさは，優しい人とすぐいじめない人とか，物を大切にする人だと思う。
C3 人の心の美しさは，人の心の良いところだと思う。なぜなら，人の心が良くなかったら，美しいとは言えないから。
C4 人には優しいところや優しくないところがあるから人の心は美しいと思う。
C5 優しいところとか，人を思ったりするところだと思う。
C6 「ありがとう」とか「ごめんね」とかそういう言葉が人の心の美しさだと思う。

Ⅱ 掘り下げの問い（1）

人の心の良いところとは，具体的にどんなところなのか。

C7 いろんな人に優しくしたり，気を配ったりする。
C8 人を大切にしたり，優しくしたりするところ。
C9 自分のことをした後に，人のこともやったりすること。
C10 弱い者いじめをしなかったり，優しくしてあげたり。
C11 性別とか関係なく，誰にでも優しくする人だと思う。
C12 けがをしている人がいたら，保健室に連れて行ってあげる人。
C13 誰かが何かをしてくれたら，ありがとうを素直に言える人だと思う。
C14 優しくて，急に裏切ったり，仲間外れにしたりしない人だと思う。

Ⅲ 掘り下げの問い（2）

「人には優しいところや優しくないところがあるから 人の心は美しい」（C4）ということをどう考えたらよいのか。

C15 優しいところと優しくないところがないとなんか怖いし，それも，一つの美しさだと思う。
C16 優しくないところは，それは何だろう，裏だと思う。優しいところは，普通だけど，優しくないところは，自分の裏みたいな。そういう自分だと思う。
C17 人は多分，優しい心だけをもっている人はいないと思う。C16さんが言ったように，裏の面もあって，それが自信とかにつながったりして，誰かが悪いことをしていて，自分がいじめられても，優しすぎたら何にも言えなくなっちゃう。

52

C18 ずっと優しくしているとちょっと友達が怖いから，悪いことも，悪いところがないのかなって心配になるから，その二つ，悪い心と悪くない心があれば，その二つで輝きになるのではないかと思う。

C19 何か嫌なことがあったら，優しい心だと断れないし，優しくない心ももたないと断れないから，優しくない心も必要。

C20 優しくないところばかりだったら変だし，優しいところばかりだったらもっと変だ。優しいところがあっても，優しくないところもあった方が，友達との関係性が良くなると思う。

Ⅳ 掘り下げの問い（3）

T 「人の心の美しさ」から「人の心の良いところ」や「優しさ」について考えてきました。では，「人の心に感動」した経験はありますか。

最近，どんなことに感動したか？

C21 命が誕生したとき感動した。
C22 映画とか見てて感動する。
C23 理科の授業でうまくいったときとか，うれしいときとか。
C24 音楽祭でうまくいって感動した。
C25 車で外を見たときに，紅葉とかがきれいで感動した。
C26 おばあちゃんが病気で入院して，手術して，病気がちゃんと治ったことが感動。

Ⅴ 「花さき山」の朗読を聞き，一言感想を交流する

C27 あやは優しいんだなあ。妹のために我慢して，一つ優しいことをして，あやはすごく優しいお姉ちゃんだなと思った。

C28 人の心の美しさの後の「花さき山」では，あやは妹のために着物を譲って，とても優しい人なんだと思った。

C29 優しい心があると美しい花が咲くのだなと思った。逆にけがれた心だとどうなるのかと思った。

Ⅵ 本時の振り返りを書く

○対話して考えたこと，「花さき山」の朗読を聞いて自分の感想と一言感想の交流内容を合わせて，自分の考えや，考えの変化を書く。
○全員でハンドサインを用いて，対話についての振り返りをする。

ノートからの見取り

児童	自分の立てた問い	選ばれた問い「人の心の美しさとは何か」について	
		初めの考え	対話を通して考えたこと朗読を聞いて感動したこと
A	感動する心とは何か。	人の心の美しさは，優しかったり友達と仲良くしたり，良いところを見つけたりすることだと思う。	「花さき山」を聞いて，あやは妹のために着物を我慢して妹にゆずってあげてすごく優しいお姉ちゃんだと思った。人の心を大切にしていきたいと思った。
	A児は，人の心の美しさについて，対話の中でいくつかの例を挙げて自分の考えを説明していた。そして，「花さき山」の朗読を聞いて，妹を思う故の自己犠牲ともいえるあやの姿に，感動を味わったのである。		
B	人の心の立派さとは何か。	人の心の美しさは，その人の良いところや心が広いということだと思う。	心には，美しさがあると優しい人になるのかなと思った。けれど，逆にけがれた心だとどうなるのかなと思った。
	B児は，心の美しさが，その人の良さや心の広さにあると気付き，その美しさがあるからこそ，優しい人になれると考えた。さらに，「けがれた心だと人はどうなるのか」という新たな疑問をもつことができた。		
C	気高さに感動したことはあるか。	人には優しいところと優しくないところがあるから美しいと思う。	「花さき山」を先生が読んだとき，やまんばがあやの気持ちやなぜ花さき山に来たのか分かるのがすごいと思った。人の心の美しさは，ずっと優しかったら変だし，逆に優しくなかったらもっと変だ。たまに優しくて，たまに優しくないときがあった方が，友達との関係性が良くなると思う。
	C児は，「人の心は美しいもの」という前提のもとで，人には優しい面と優しくない面があると考えている。対話の中の「いやなことをされたら拒否することも必要」という考えを受けて，現実的な問題である友達との関係性について考え，これから生きていく上での心の在り方について思いを至らせている。		
D	感動する心とは何か。	人の心の美しさは，友達が転んだら保健室に連れて行ったり，先生を呼んだりすることだと思う。	みんなの意見を聞いて，意見が変わった。最初は，友達が転んだら保健室に連れて行ったり，先生を呼んだりすることだという考えだったが，優しい気持ちだけでなく，優しさではない気持ちも必要だと言っていたので確かにそうだと思った。最後に「花さき山」を聞いて，あやは，すごく優しいお姉ちゃんだと思った。また読みたい。
	D児は，正義感が強い子であるが，対話により人の心の二面性を否定できないということに気付いた。その上で，「花さき山」のあやの妹思いの優しさやその優しさによって生まれた我慢強さに感動したのである。「また読みたい」という感想を大事にして，同シリーズの「ベロだしチョンマ」などの本を紹介したい。		

授業者の声

○「感動，畏敬の念」という内容項目は，難しいという印象が強かった。しかし実際には，問いを選んだ時点から，子どもたちが積極的に話を進めていくことになり，最後には，話し合った内容と物語を関連させて感想を書いていた。これまでは教材文を先に読むことが多かったが，自分で問いを立てて自分自身と向き合うというp4cの経験を重ねたことで，「内容項目⇒問い⇒対話⇒教材文の朗読⇒振り返り」の形にも，違和感をもたなかった。また，「感動の花を咲かせよう」「国語科との関連」など道徳で学んだことを日常の生活や他教科と関わらせるコンセプトについても成果を感じた。

○本時では，p4cを行ったことにより「人が美しいと感じるもの」について考えを共有することができた。さらに「そんな人いないでしょう」という人間の表と裏についての発言を受け，普段は正義感の強い子も，「確かに」と，人間の裏の面に気付くことになった。自分自身の二面性を認める子どももいた。また，優しさだけでは解決しない場合もあると認識することで，それぞれが人間味の良さにも気付くことができた。

○p4cを行うことは，子どもの考えを大切にし，受けてまた返す，新しい問いが生まれるという，教師と子ども，子どもと子どもの双方向のやり取りを可能にした。学級経営という面からみても，本音と建前が言えるセーフティのある教室になってきたと実感している。

授業者の声を受けて

○本時はテーマである「美しいもの，気高いもの」の「気高い」の意味を知ることから始まった。「優れている，立派さ」という説明後の対話で「美しい心は，人の心の良い部分であり，それは優しさである」という道徳的価値を導き出した。「人の心の美しさ」を「優しさ」と捉える方向に対話が進んだが，その捉えが「花さき山」の朗読による感動の源になったと言える。

○自己理解と人間理解が進んだ場面は，経験を振り返りながら「美しい心」について対話を深めていったときである。子ども自身が人の心の二面性に気付いた。そして，それは，子ども同士のよりよい関係性を構築するために必要なことであるという価値判断が，「優しい・優しくない」という二面性をも含めて「美しい心」であるという表現を生み出した。およそかけ離れていると考えられる「優しくない」を「美しい心」という前提には何があるのか。それは「人の心は正しくあるべきであり，それは美しいはずだ」という思いではないか。一方で，子どもの発言にある「断る」という行為は，果たして優しくない行為であろうか。相手の善ではない行動を抑止するための「断る」は，一瞬の不愉快を与えるリスクを背負いながら，友好な関係を続けるための期待という意味の優しさにもつながる。教師自身も迷うところであり「断ることは，優しくないことなのか」と問う意味のある場面であったかもしれない。表現上の違和感を対話の中で確認することで，子どもの理解を確認することができると考えられる。

本実践では，担任による「花さき山」の朗読に子どもたちが息をのんで聞き入る様子が見られた。人間の二面性を全く感じさせないような，あやの心の純粋さに感動し，引き込まれる姿であろう。感動を教えることはできないが，その後教室に咲いた「感動の花」は，読んだ本，映画，歌番組での出来事などで出会った「尊敬」「正義」「命」「友情」といったものであった。子ども自身が，自分の中に感動が生まれたことを意識できたことの裏付けとも考えられる。

（宮城教育大学　上廣倫理教育アカデミー　探究の対話マイスター　砂金 みどり）

授業について

「読む」道徳から「考え，議論する」道徳への質的転換

宮城県登米市立北方小学校校長　前宮城県北部教育事務所次長
成瀬 陽子

　特別の教科　道徳が目指すものの一つに質的転換がある。本実践は，教科化による質的転換を図った大変参考になる授業構想である。これまでは，読み物資料のあらすじの理解を中心とした授業や教師の発問を中心に徳目を教え込む授業が散見された。しかし，本実践は，内容項目の提示→児童による問いの設定→対話→教材文の朗読→振り返りという流れを取り，見事に心の二面性に着目させることができた。まさに，「読む」道徳から「考え，議論する」道徳への質的転換を図った授業である。

　読書活動や日常生活との関連を図る大切さも本実践から学ぶ。授業の前後の活動とつなげることが道徳教育の要としての役割を担うことになる。教室の花さき山は，色とりどりの花で覆われている様子が頭に浮かんでくる。

　「これが正しい見方だ」という指導では，児童自身の探究は深まらない。答えを理解させるのではない。児童の心に価値への問いが芽生え，答えが一つではない課題に向き合い，もっと考え，議論したいと思う。授業後もずっと考え続けている。こういう授業を目指したい。そうすることによって，児童自身の探究が深い学びにつながっていく。

子どもたちの主体的探究を支えるために

新潟大学准教授（合意形成・対話教育）
豊田 光世

　「人の心の美しさ・気高さ」というテーマで考えを深めていくことは，子どもたちにとって必ずしも容易なことではない。なぜなら，「心が美しい・気高い」という言葉は，日常的に使う表現ではないため，日ごろの経験に基づいて語ることが困難だからである。

　そうしたなか，「人には優しいところや優しくないところがあるから人の心は美しいと思う（C4）」という発言をきっかけに，子どもたちが自らの理解を揺さぶる対話が展開していった。白黒では捉えられない心の状態に人間らしさを見出したことが，思考の深まりに向けた重要な一歩であった。

　さらに「優しい・優しくない」とはどういう意味なのか掘り下げていくと，考えを深める糸口を得られるのではないだろうか。p4cの対話で重要な教師の役割は，例えばC4の発言の後に「それはどういう意味なのか」「なぜそのように思ったのか」と，子どもたち自身で対話を掘り下げていくことができるように働きかけることである。

　教師がツールキットを使ってみせること，あるいは使ってみようと声を掛けることで，子どもたちの主体的な探究を後押しして欲しい。

実践事例5

小学校5年

真理の探究
「ペンギンは水の中を飛ぶ鳥だ」

- 高学年としての自覚が芽生えるとともに，周囲との比較によって，自分自身について考える時期である。できることとできないことを振り分けることで，夢をもって前に進もうとする面と，自分に自信がもてず，可能性を狭めてしまう面とがある。

- 自分の考えをもつこと，自分の言葉で表現することが大切な時期である。セーフティのある中で対話することを通して，自分の考えが周囲に受け入れられることを実感できれば，教室が自己肯定感を高める場になると考える。

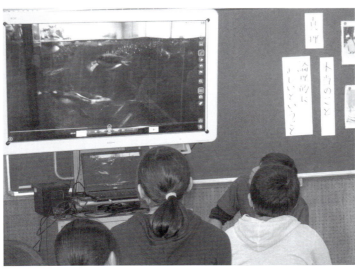

水中を泳ぐペンギンの映像を視聴する児童

57

授業コンセプト

内容項目

真理の探究　　　A-6

真理を大切にし，物事を探究しようとする心をもつこと。

テーマ

真理を求めて　（主題名　探究する心）

教材名

「ペンギンは水の中を飛ぶ鳥だ」

東京書籍『新しい道徳』　5年　P.60～64

テーマ設定の理由

人間としてよりよく生きていくためには，真実を探り，積極的に新しいものを求め，生活を工夫していこうとする心を育てることが大切である。物事を多面的・多角的に見ようとする開かれた心をもって，疑問を探究し続けることの大切さを実感させたい。

内容項目と教材名から立てる問い

「真理，探究」という言葉の意味を知らせ，「ペンギンは水の中を飛ぶ鳥だ」という題名との関係に着目させる。

写真と映像から立てる問い

地上を歩く様子と水の中を泳ぐ様子の比較により，「ペンギンは水の中を飛ぶ鳥だ」という題名と「真理の探究」とのつながりに目を向けさせる。

**ペンギンの姿と「真理の探究」について
考え始めることがきっかけとなり問いが生まれる。**

対話の途中での教材文の範読

「ペンギンは水の中を飛ぶ鳥だ」に登場する旭山動物園獣医の坂東さんを紹介し範読する。

対話を深めるための資料とする。

教材文と p4c

新しい言葉との出会いや写真・映像の情報から
問いは生まれる！

内容項目　真理の探究　…「真理」とはどういう意味か？

教材文の題名
「ペンギンは水の中を飛ぶ鳥だ」

ペンギンの写真
（陸を歩く姿・泳ぐ姿）
ペンギンの映像
（水中を泳ぐ姿）

なぜ真理を
求めるのか。

本当にペンギンは
飛ぶのか。

なぜ探究し続けることが
大切なのか。

教科書 P.60　L 1

世界中の動物園関係者が注目する旭山動物園ですが，1996年（平成8年）度には，来園者が過去最低の26万人までへり，廃園の危機にありました。

教科書 P.61　L 7

坂東さんの「ぺんぎん館」をつくるアイディアの中心となったのは，「ペンギンは水の中を飛ぶ鳥だ。」という考えでした。

教科書 P.61　L 9

まるで大空を飛んでいるように泳ぐ，その能力を引き出すため，最後まで坂東さんがゆずらなかったのが，世界的にもたいへんめずらしいといわれる水中トンネルでした。
ふつうのプールではなく，太陽の光がふり注ぐ水深5メートルの海をつくることでした。

教科書 P.62　L 12

坂東さんの口から必ず出てくるのは，
「ペンギンの気持ちになって考えてほしい。」のひとことです。

授業の流れ

問いを立てるための手立て

ねらい

積極的に新しいものを求める態度の大切さに気付き，物事を探究しようとする思いを深める。

1 問いを立てるための手立て1
主題名「探究する心」と「真理を求めて　ペンギンは水の中を飛ぶ鳥だ」を提示し，教師が「真理」の意味について説明する。

2 問いを立てるための手立て2
(1) 教科書P.60の歩くペンギンの写真，水中を泳ぐペンギンの映像を見る。
(2) 主題名「探究する心」と教材名「真理を求めて　ペンギンは水の中を飛ぶ鳥だ」，さらに写真と映像から，疑問に思ったことや不思議に思うこと，考えてみたいことを問いにする。

板書予定

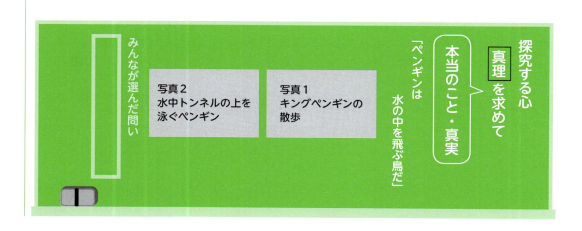

子どもが立てた問いについて対話を行う

3 p4cで深く考える

問いを選ぶ

全員が立てた問いを教師が内容ごとにグループ化し，多数決により問いを一つ選ぶ。

┌─ *予想される問い* ─────────────
例「ペンギンは飛ぶのか」 例「なぜ真理を求めるのか」
└───────────────────────

対話を始める

○p4cのルールを確認する。
○今日の問いを立てた人から，この問いにした理由と自分の考えを話す。
○話をしたい人，話を聞いてみたい人にコミュニティーボールを回して対話を進める。

掘り下げの問い

○子どもたちから出てくることが望ましい。多くの意見が出そろった様子や，意見が偏ってきた様子などが見られたとき，教師が掘り下げの問いを出すこともある。

┌─ *予想される掘り下げの問い* ─────────────
例「なぜ探究し続けることが必要なのか」
└───────────────────────

教材文を範読する

○「なぜ探究することが必要なのか」をさらに深く考える材料として，教材文の範読を聞く。

〜対話にあたって〜

☆「ペンギンは水の中を飛ぶ」という題名に真理が込められていることを基に，掘り下げの問い「なぜ探究し続けることが大切なのか」を考えさせたい。

☆自分の経験や想像したことを基に，真理を探究することの大切さについて気付いたことを話題にする。
　　　　　　　WRAITEC（ライテック）の活用　⇒　「例えば」「反対の例は」

---

4 本時を振り返る

○今日の対話から分かったことや，考えが広がったり深まったりしたこと，新しく発見したことなどをワークシートにまとめる。分からなくなったことや○○さんの意見で自分の考えが変わったことなどもあれば書く。
○振り返りの発表をする。（選ばれた問いを出した子どもにも発表してもらう。）
○今日の探究の対話（p4c）について振り返る。

評価の視点

○選ばれた問いについて対話をし，真理を探究することの大切さについて自分の考えを深めたり広げたりすることができる。

61

授業記録

Ⅰ 選ばれた問い

> もし「ペンギンが水の中を飛ぶ鳥だ」と言ったら，
> それは正しいことなのか。
>
> ●―― 問いを立てた理由 ――●
>
> 私のイメージでは，鳥といったら空を飛ぶイメージだから，水の中を飛ぶと言われると，本当に飛ぶというのかなと思ったから。

C1　脚とか体が下に着いていなかったら飛んでいる。
C2　脚とか体が下に着いていなかったら飛んでいるとすれば，人間が泳いでいるのだから，人間も鳥になるかな。
C3　自分が飛んでいると思えば飛べると思う。
C4　正しいことだと思う。理由は，水の中でもペンギンは手（羽）を使って飛ぶし，飛んでいる鳥も手（羽）を使って飛んでいるので同じ。
C5　たとえ空でなくても，水の中をすいすい泳いでいるのだし，空でも同じことだと思う。
C6　水の中は，水の浮力と地球の重力が合わさっていて，無重力状態みたいな感じになっているので，ペンギンの体からして水圧を受け流していける。人間より速く進んでいくと思う。

C7　ペンギンは飛ぶ鳥ではないと思う。理由は，今話を聞いていて，無重力のまま浮いているから水の中を移動できるけど，空を飛ぶ鳥は，重力に逆らっているから違うと思う。
C8　一応ペンギンの泳ぐっていうのは，カラスが飛ぶっていうのと同じ。映像の中で見たペンギンは，カラスの飛ぶスピードと同じくらいで泳いでいるという感じがした。
C9　水の中を飛んでいる鳥だと思う。たとえ空でなくても，水の中だから，飛んでいるように見えたらそれは飛んでいるのだと思う。
C10　泳いでいるのならば，水の中にいればいいし，飛んでいるのならわざわざ水の中にいないで空を飛んでいればいいと思う。
C11　「飛ぶ」って何ですか。
C12　鳥みたいに，でっかい翼をもっていて，ばたばたしたら空を飛べる。
C13　脚が地面につかない。
C14　空中にいること。

Ⅱ 対話の途中で教材文の登場人物について知る

実は，「ペンギンは水の中を飛ぶ鳥だ」ということをずっと考えていた人がいたのです。北海道の旭山動物園の園長さんです。「ペンギンは水の中を飛ぶ鳥だ」と言って，動物園でいろいろなペンギンの見せ方を考えた人なのです。では，この人はなぜ，「ペンギンは水の中を飛ぶ鳥だ」ということをずっと考えて活動していたのだろうか。

C15 ペンギンが泳いでいるときに，ペンギンが空を飛んでいるって見えたんだと思う。
C16 人間と違って脚を使わないで泳いでいるから，飛んでいるように見える。
C17 まあ泳いでいると言うか，飛んでいる感じ。

この人は，「ペンギンは水の中を飛ぶ鳥だ」ということをずっと探究した人です。では，なぜ探究することが大切なのだと思いますか。

C18 昔は，すぐ諦めていたけど，探究することですぐに諦めないことが身に付く。
C19 探究する心って必要なのかなと思う。自分的にはあまり大切ではない。探究しても人生がうまくいくわけでもないし，探究して何もできなかったら無駄になる。探究しても，宇宙はどうやってできたのかとか，そういう探究をしても，どうやっても追いつけないものもあるし。自分の中ではあまり大切だと思っていない。
C20 探究したら，目的を調べることになるから，ペンギンのことがもっと分かったりするかもしれない。
C21 事実を知りたいから。たとえ，答えがなくたって，本当のことが知れるかもしれないから。

Ⅲ 教材文の範読を聞く

T （再度）なぜ探究することが大切なのだと思いますか。

C22 新しいことが分かって，だれにもまだ発見されていないことが分かるかもしれないから。
C23 探究することで新たなことが分かるようになるから。
C24 なんで諦めなかったのかなと思う。普通に，難しいことは，多分，結構な工事費をかけたのだと思うけど，なぜ諦めなかったのかな。そもそも。坂東さんは自分とペンギンどっちを大事にしているのかな。もし，ペンギンをお金儲けのためのものとして扱っているとしたらどうかと思うけど。探究しても分からないこともある。

Ⅳ 振り返りを書く ⇒ 発表

C25 ペンギンは，泳いでいるとき，空を飛んでいるようだから正しいと思った。まだ知らないことがあるから探究はいいものだと思う。
C26 坂東さんは，一度決めたことは最後まで，周りの人の言うことも気にせずにできてすごいなと思った。探究することで，知らなかったことを知ることができるので，探究は必要だと思う。理由は，いくら失敗しても，人生で，探究することが損になることはないから。

ノートからの見取り

坂東さんは，（難しい建築なので）もしかしたらお客さんに被害が起きるようなことがあるかもしれないのに，日本の技術を信じたのは，ペンギンたちと日本を信じたんだなと思った。（A児）

日本の技術を信じるという視点は，夢の実現が一人の力ではできないということと，日本の技術もまた探究の成果であるということの気付きにつながる。そして内容項目「真理の探究」は，対話したことによって，「希望と勇気」「努力と強い意志」などの内容項目と関連したことが分かる。

空を飛ぶことだけが飛ぶということではなく，海の中を泳いでいることも空を飛ぶことになるのではないかと思った。坂東さんの話を読んで，ペンギンが空を飛べないというイメージを変えて，ペンギンは海中を飛ぶペンギンにしたことで，ペンギンのすばらしさをみんなに伝えることができたんだと思った。（B児）

「ペンギンが空を飛べない」という事実を坂東さんの話と関連させることで，「ペンギンのすばらしさ」をB児自身が納得している。そして，「ペンギンのすばらしさを伝える」という行為の価値を考えることができたと言える。これは「困難があっても目標に向かってくじけずに努力をすること」と同時に「自然愛護」の芽生えともとらえられる。

脚をついていなければ飛んでいるというのは，ペンギンだから通用するんだと思った。ペンギンは鳥だから，飛んでいるのが空でなくてもその表現は正しいけれど，人間は人間だから泳ぐという表現が正しいと思う。また，探究しなくても気付くことはあるけれど，よく考えた結果，何か新しいことを見つけられたら，それも探究と言えると思った。（C児）

映像・写真を基に「泳ぐとはどういうことなのか」を考えて対話したことから，鳥の仲間であるにもかかわらず「飛べないペンギンの姿」を「まるで空を飛ぶように速いスピードで水の中を泳ぐペンギンの姿」に置き換えることができた。さらに，教材文を読むことで，「ペンギンの気持ちになる」という坂東さんの思いを理解できた。また，よく考えた結果，新しいことを発見することは探究の結果であり，よさであることにも気付いている。

探究は大事だと思った。坂東さんは，ペンギンのことを知りたかったし，ペンギンと人の違いを知りたかったのだと思う。

自分は，探究せずにすぐにあきらめてしまう。自分も坂東さんのようにすぐにあきらめてしまわずに探究するようにしたい。（D児）

水族館にいるペンギンを，自然界にいる姿により近い状態で展示するということの意味について考えることができた。「真理を探究する」坂東さんの姿から，「探究することの意味」に気付き，自分を振り返ることで「すぐにあきらめずに探究する」という自身の目標をもつことができた。

授業者の声

○「真理」「探究」と聞いた子どもたちは，分からない言葉，新しい言葉との出会いを感じていた。「何だろう」という疑問は，「真理は本当のこと，論理的に正しいという意味」という説明で，解決したわけではなかった。しかし，映像と写真を見ることで「泳ぐ」と「飛ぶ」，さらに「本当のこと」という言葉が結び付き，一つの問い「もしペンギンが水の中を飛ぶ鳥だと言ったら，それは正しいことなのか。」が生まれたのだと思う。

○p4cを用いた授業では，事前に教材文を読んで問いを立てておき，本時は対話するところから始まることが多かった。主題によっては問いを立てて対話することが難しいと考えていたが，今回のような授業の流れ（内容項目の提示，映像と写真，題名から問いを立てて対話し，対話と対話の間に教材文を読む）を経験して，やり方次第で深い対話ができることを知った。言葉の理解が不十分でも，対話によってさまざまな方向から意味を捉え，教材文を読むことで，分からなかったことが子どもの心に落ち，焦点化されていく様子がみられた。子どもたちのノートには，坂東さんの話を自分のこととして捉えた感想が多くみられた。

○道徳で何度もp4cを行ってきており，回数を重ねたことで「これってどういうこと？」と自ら疑問をもち，考えられるようになってきたなどの変化を実感している。授業後に，自分の考えを話しにくる子どももおり，真剣に考えていたこと，さらに対話が終わった後も考え続けていることに驚くことがある。今回も，授業後の休み時間に，「p4cはみんなで話し合う探究なんですね」「自分たちも探究してたんだ」と子どもが言いにきた。この言葉には驚くとともに感動し，これまでp4cをやってきた成果だと納得した。

授業者の声を受けて

○**内容項目の「真理の探究」という言葉**の難しさは，言葉の説明だけでは解決しなかった。「本当のこと」という言葉の意味は「ペンギンは水の中を飛ぶ鳥だ」という題と映像・写真によって，少しずつ子どもの方に言葉が近づいてきた。そして「もしペンギンが水の中を飛ぶ鳥だと言ったら，それは正しいことなのか。」という問いで対話することにより，「本当のこととは何か」について子どもも自身も深く考えることになった。

○**教師が選んだ掘り下げの問い「なぜ探究することが大切なのか」**を考える際に参考となるのが教材文「ペンギンは水の中を飛ぶ鳥だ」である。「水族館のトンネルによるペンギンの展示は，真理を探究した結果である」という流れが自然に生まれ，探究することの大切さについて思考するとともに「探究とは何か」についても考え始めていることが分かる。振り返りで書いたノートや休み時間の児童と教師の会話は，まさにその姿を証明している。本教材文は，登場人物の考え方や生き方を学ぶだけでなく，自分の生き方を振り返るきっかけとして大きな役割を果たしたと言える。

　本実践は，「真理の探究」という子どもにとって理解が難しい言葉との出会いから始まり，自分の言葉で語ることの大切さを子ども自身が明確に示した実践と言える。p4cの経験を積んできた子どもたちは，「真理とは，探究とはどういう意味か」と問い，対話することで知識と経験の中から例や例外を発見し，言葉の概念を自分の言葉で自分のこととして表現することができた。これは，言葉の意味の理解とともに自分の生き方を深く思考したということになる。

（宮城教育大学　上廣倫理教育アカデミー　探究の対話マイスター　砂金 みどり）

授業について

自分との関わりで考える

宮城教育大学特任教授
堀越 清治

　高学年から加えられた「真理と探究」の内容項目の授業構想に、多くの教員が悩んでいる。その悩みに光明を当てたのがこの授業実践である。
　まず、「真理、探究」という言葉の意味を知らせ、「ペンギンは水の中を飛ぶ鳥だ」という題名との関係に着目し、写真と映像から児童が立てた問いは、「もし、『ペンギンが水の中を飛ぶ鳥だ』と言ったら、それは正しいことなのか」。児童に、地上を歩く様子と水の中を泳ぐ様子を比較させ、題名と「真理の探究」とのつながりに目を向けさせたことにより、本時のねらいに迫る問いとなった。さらに、対話と対話の間に教材文を読むことを組み入れたことにより、対話によって様々な方向から意味を捉え、真理と探究を焦点化していく様子が見られる。児童のノートからは、坂東さんの話を自分のこととして捉えた感想が多く、まさに、「考え、議論する」道徳科の授業に求められる「自分との関わりで考えること」の実践例を示してくれた。
　本実践を行った担任は、朝の活動に短時間のp4cを取り入れて、対話の楽しさを味わわせるなど、意欲的に実践をしている先生である。探究の対話を継続して取り入れることにより、相互の児童理解が進み、学級内の人間関係が大いに改善され、児童は深く考えることを喜び、p4cの時間を待ち遠しく感じている。探究の対話を活用したさらなる授業実践が楽しみである。

探究することの大切さ

宮城教育大学教授（哲学）
川﨑 惣一

　一般論として、こうした「探究」や「真理」という言葉については、言葉のもつパワーが強い分、取り扱いに注意が必要であろう。というのも、「真理の探究」というのは、実際には、かなり漠然とした言葉だからである。今回の授業で言えば、この教材文から読み取られる「真理の探究」とは具体的にいったい何のことなのか、それを明確にしておかないと授業での話し合いが前に進まなくなってしまうかもしれない。
　その意味で、選ばれた問いはたいへん素晴らしく、またその問いについての話し合いでの子どもたちの発言はとても哲学的で、非常に驚いた。とりわけ、「飛ぶ」ってどういうことだろう、という問いが児童たちから出されたことは、大きな成果である。私たちの常識を揺り動かすような、すぐれた対話だったと言ってよいであろう。時間に余裕があれば、もっと話し合いを続けてみたいところだ。
　話し合いはそのあと、「真理を探究することの大切さ」へと移っていく。この教材文では、「真理の探究」とは、水の中でのペンギンのみごとな動きがよく見えるような、まったく新しい施設を作ろうとすることを指しているのだと思われるが、これがなぜ大切なのか、明確な答えは教材文には示されていない。この点にこだわることで、子どもたちに「探究することの大切さ」に気付いてもらえるようにするやり方もあったかもしれない、そんな印象をもった。

実践事例6

小学校6年

友情，信頼
「言葉のおくりもの」

- 高学年の子どもたちは，異性を意識して複雑な感情が芽生え，異性に対する感情を周囲に悟られないようにという言動に出るなど，思春期らしさがうかがわれる時期である。

- 人間関係が難しいこの時期に，相手と向き合って真の友情や信頼し合うことの意味について対話することは，学級全体の人間関係をよりよいものにするためにも大切なことである。

問い「なぜ男女の友情をからかうのか」で対話する場面

授業コンセプト

内容項目

友情，信頼　　　B-10

友達と互いに信頼し，学び合って友情を深め，異性についても理解しながら，人間関係を築いていくこと。

テーマ

友情を深める　（主題名　異性の理解と協力）

教材名

「言葉のおくりもの」　東京書籍『新しい道徳』　6年　P.91〜95

テーマ設定の理由

友情は異性間でも同性間でも基本的には同じであるが，異性間で友情という意識をもっているかどうかはあいまいな部分もある。たとえ異性間の友情でも，そこで大切になるのは思いやりや理解という，互いの信頼につながるものであることを考えさせたい。

2時間扱いの学習

①「言葉のおくりもの」をもとに「異性の理解と協力」について考える。
②教材文を読み，自分自身の生活を振り返って問いを立てる。
③対話によって，友情や異性とのよりよい人間関係について考える。

WRAITEC（ライテック）の活用

● 「もしも〜だったら」「例えば」「反対の例はない」を活用させる。

**異性の友達との関係について，
自分自身の心や生活を振り返りながら考える。**

教材文と p4c

教材文を読む中で、子どもの問いは生まれている！

教科書 P.91　L1

> 一郎が落とした消しゴムを、すみ子が拾ってあげたとき、一郎がそれとなくすみ子に感謝の気持ちをあらわしたことが、たかしの目にとまってしまった。
> 「見たぞ、見たぞ。一郎さんとすみ子さんがあやしい。」

予想される問い　もしも男子だけだったらどうなるのか。

予想される問い　なぜからかうのか。

教科書 P.92　L2

> 快活なすみ子は、そんなことは少しも気にとめない様子であり、それどころか、一郎とたかしが話しているところへ来て、「町内会の子ども会リレー、がんばろうね。」と、二人を見ながら言った。

教科書 P.92　L1

> 一郎はゆううつだった。

教科書 P.92　L7

> たかしは、「仲よくどうぞ。」と言って、はなれていった。

教科書 P.92　L14

> 体が植木ばちに当たり、はちはこなごなにわれて、土がゆかに飛び散ってしまった。

教科書 P.93　L1

> 「よけいなことをするな。さっさと帰れ。」

教科書 P.93　L3

> 「おこる相手はたかしさんでしょ。それじゃあ、自分でかたづけてね。」

教科書 P.93　L13

> すみ子たちのチームは結局最下位。
> 「ごめん、失敗した。」

教科書 P.94　L4

> 「たかしさん、こんなこともあるわよ。気にしない、気にしない。」
> すみ子が、みんなに聞こえるように、はっきり言った。

教科書 P.94　L6

> 一郎の学級では、その日が誕生日に当たる友達に、みんなから「言葉のおくりもの」をすることになっていた。今日は一郎の誕生日なので、みんなが次々と言葉のおくりものをした。すみ子も手をあげて立った。いっしゅん、教室はしんと静まり返った。

予想される問い　そもそも友情とは何か

教科書 P.94　L11　L16

> 学級新聞づくりでおそくまで手伝ってくれたこと、病気で休んだときの心のこもった手紙。

> 男の子も女の子も、みんなで力を合わせていたときの学級にもどってもらいたいのです。

授業の流れ

【第1時】教材文で学ぶ

ねらい

異性について理解し，互いに信頼し合って友情を深めることがよりよい人間関係につながることについて考えを深める。

1 導入
内容項目「友情，信頼」を確認して，男女の友情について学ぶことを理解する。

2 展開
(1) 教材文「言葉のおくりもの」を読む。
(2) 事の顛末を確認する。
(3) 教材文で読んだことや自分の経験を振り返って問いを立てる。

3 終末
◎次時の授業の流れを確認する。
　各自が出した問いの中から，みんなで話し合いたい問いを一つ選んで対話をする。

──＊予想される児童の問い＊──
- 例　男女が会話をしているとなぜからかうのか。
- 例　男女の友情は成り立つのか。
- 例　同性の友情と異性の友情では違いがあるのか。
- 例　友情とは何か。
- 例　もしもこの世が同性だけだったら。

評価の視点

○教材文を読み，自分の経験を振り返って，男女の友情について考え，問いを立てることができる。

【第２時】探究の対話（p4c）で深く考える

ねらい

選んだ問いをもとに対話をし，男女の友情について考えを深める。

1 問いを選ぶ

○前時で出された問いの中から，一人2票ずつ投票し，多数決で問いを選ぶ。

自分の考えを書く

○選ばれた問いについてワークシートに自分の考えを書く。

2 対話を始める

○p4cのルールを確認する。

○今日の問いを立てた人から，この問いにした理由と自分の考えを話す。

○話をしたい人，話を聞いてみたい人にコミュニティボールを回して対話を進める。

掘り下げの問い

○子どもたちから出てくることが望ましい。多くの意見が出そろったときに教師が出すこともあるが，新たな疑問が生まれたときなどは，必要に応じて，掘り下げの問いとして取り上げる。

┌─ ＊予想される掘り下げの問い＊ ─

　例　友情が成り立つのはどんなときか。　　例　男女の友情は必要か。

　例　男女の友情と同性の友情に違いはあるのか。

┌──────────────────────────────
〜対話にあたって〜

☆教室での様子を思い起こしたり，自分の経験や気持ちを振り返ったりしながら，自分のこととして男女の友情に対する考えをもたせ，交流させたい。
　WRAITEC（ライテック）の活用　⇒　「もしも〜だったら」「例えば」「反対の例は」

☆友情について考えたとき，基本的には同性であっても男女の間の友情であっても，違いはないかもしれない。しかし，日常的にはどうであるか。また，どうあればよりよい人間関係を作り出すことができるのかについて考えを深めさせたい。
└──────────────────────────────

3 対話を振り返る

○今日の対話から分かったことや，考えが広がったり深まったりしたこと，新しく発見したことなどをワークシートにまとめる。分からなくなったことや○○さんの意見で自分の考えが変わったことなどもあれば書く。

○振り返りの発表をする。（選ばれた問いを出した子どもにも発表してもらう。）

○今日の探究の対話（p4c）について振り返る。

評価の視点

○選ばれた問いについて対話をし，よりよく生きることについて自分の考えを深めたり広めたりすることができる。

授業記録

Ⅰ 問いについて考える前に

T 今日は，男女の友情について考えるのですが，「友達がいてよかったなと思う瞬間」「友達といていいなと思ったとき」について一人ずつ聞いてみたいと思います。（ボールを回す。）
・一人のときに，「遊ぼう」と友達が声をかけてくれるとうれしい。
・遊び相手になってくれたり，遊んだりするときに，一人じゃないっていう実感がある。
・不安になったとき，話を聞いてくれたり，「大丈夫？」と声をかけてくれたり。
・いいことがあったときに共有できる。
・バスケとかでも一人ではできないし，友達いるとなんか安心。
・自分が頑張っていることを応援してくれたりするとき。

Ⅱ 選ばれた問い

＊本時では，多数決の段階で，「友情関係をなぜからかうのか」「なぜ男子と女子が話しているとからかうのか」が同数であることから，二つの問いを併せた「男女の友情をからかうのはなぜか」という問いを教師が提案し，子どもたちの了承を得た。

男女の友情をからかうのはなぜか。

●問いを立てた理由・自分の考え●

〇「友情関係をなぜからかうのか」を立てた児童
　からかう人を見て，なぜからかうのかと思った。「好きだろう」だったり「ラブラブ」だったり，まあそういうことを言いたくて，からかいたくなって言い始めるんだと思う。
〇「なぜ男子と女子が話しているとからかうのか」を立てた児童
　問いを立てるときに最初に浮かんだのがこの問いで，聞いたことがあったなあ，なんかそうかなあと思ったのでこの問いにした。理由は，うらやましかったり，からかいたくなったりしたからじゃないかなあと思う。

C 1 からかって，面白がったり楽しんだりしているのかな。
C 2 極度にいちゃついているから。
C 3 からかうのは相手にもよる。いつもにやにやしているとか，傷つくことはそんなにないだろうなっていう印象をもった人に，言うんじゃないかな。
C 4 自分も女子といたり男子といたりしたいっていう気持ちとか，うらやましいとか思ったりするから。
C 5 からかう人は，一緒に遊びたいけど，男女だからなかなか遊びたいと言えなくてからかうのではないか。そういう時期だから。
C 6 男女関係の話が好きな人は，からかってその関係を壊していく。
C 7 からかって反応が見たいから。
C 8 噂を聞いて，「知っているんだよ」とアピールしたのが，どんどん広がって，からかうのが好きな人に広がって，普通に遊び半分でからかってしまうのかな。

T	今，うらやましいとか，なんかちょっとからかいたくなるとか，色々出たけれど，みんなは男女の友達はいますか。
C	いっぱいいます！　友達いっぱいいる！

Ⅲ　掘り下げの問い

からかうとかいう話がいっぱい出ましたが，逆に，男子女子の友達がいてよかったというときはないですか。

C9	なんか変なことなんだけど，好きな人がいるときに，男子が聞いてくれたりするから，そう言うのかな。
C10	女子の友達がいてよかったことは，女子力が上がったこと。
C11	たまに気を遣って話すことがあるけれど，男子だったら，あの，容赦なく…。
C12	女子の最近の趣味とかが分かること。
T	小学校のときは，男子とばかり遊んでいたので，ドッジボールをいっぱいやっていて，同じレベルぐらいでやれるみたいな。いいなーって思った。
C13	私は，やっぱり気軽に話せるっていうのと，なんかやりあったりするとか，言い合ったりするっていうのが，結構男子としかできないっていうか。そういうのは，まあ楽しいなと思う。
C14	女子に聞きたいんだけど，そんなに男子を下にみているのかな。
C15	いろいろ相談とか，質問とかできる人もいれば，ちょっとなんか…宿題とか出していない人とかは，頼れるっていうかまあ，なんか話しやすい。
C16	男女の趣味を知るって言ったけど，何のために知るのかな。
C17	男子ができないことで女子ができることとかを見たり聞いたりできることがいいと思う。裁縫とか。
C18	男女の趣味の違いとかある。やりたいことの違い。それで，そういう趣味の違いをみて，その趣味を自分もやりたいなって思うことが結構いいと思う。
C19	私もちょっと似てるんだけど，前の学校でドッジボールをやっていた。女子とやると，なんかまあ，投げたら絶対痛いって言う。あと，顔面に当たっちゃって，保健室送りにしたこともあって。なので，男子とやった方が気軽に，まあ，顔面に当てても大丈夫かな。
C20	友達がいてよかったっていうのは，なんか，（男子は）性格が細かすぎないから，扱いが楽。
C21	前の学校ではドッジボールをやっていたということだけれど，なぜここではあまりやらないのか。
C22	環境がちょっと変わったので慣れない。前の学校だったら女子が普通にドッジボールやってたんだけど。
C	えーっ。
C23	こっちはちょっとあまり女子がやらないから一人で参加するのはあれかなと思って。
C	やろうよ。

Ⅳ　振り返りを書く⇒発表

各自ワークシートに振り返りを書き，発表する。

73

振り返りの発表からの見取り

「友情関係をなぜからかうのか」から始まって，「男女の友達がいてよかったと思うこと」まで話をしました。こころに残った言葉，キーワード，それから，対話をして感じたこと考えたこと，思ったこと気付いたことなど書きましょう。

今言えなかったけれど，こう思っているということや言い残したことがあったらそれも書いてください。

発表1

最後の男女の友達がいるかどうかの問いの対話を聞いて，みんな答えていたから，意外に，男子にも女子の，女子にも男子の友達がいる子が多いのかなと思った。

> 「どんな時に友達がいてよかったと感じるか」で，一緒に遊んでもらえるときと答えていた。同性の友達についてのことであろう。発言は多くなかったが，クラスのみんなが予想以上に男女の友達という認識をもっていることを知るきっかけになったと言える。

発表2

男女両方の考えが分かった。性別によって態度を変えるのは良くないとみんなは思っているかもしれないけれど，話しやすいとか，いい意味をもっているから変えているのかもしれないと思った。

> 女子の「男子には気を遣わずに話せる」や「扱いが楽」などに対して「男子を下にみているのか」という意見が出た場面を受けた発言である。発言内容から受ける印象は良くない面もあったが，思いとしては，相手を尊重しているという捉え方ができた。異性の友達の良さを理解できてこその考えである。

発表3

さっき言い残したことで，女子の友達がいてよかったことは，鈍感さがあったけれど，女子といることで人の気持ちを細かく読み取ったりする敏感さが身についたかな。

> 対話の中では，発言できなかったが，ワークシートに書くことによって，自己内対話をし，これまでの経験を振り返り，考えを言葉に表すことができた。

発表4

別に分かれて行動しなくたって，今は，男女の性別よりもその人がどんな人なのかを大切にした方がいいと私は思った。

> 対話の中で「なぜからかうのか」について，「プライドがあるから」と答えていた。ここから，生き方に対する思いを感じる。その思いが，男女間の友情も，同性間の友情も基本的には変わらないという考えにつながり，「どんな人かを大切にしたい」という意思を生んだと推察できる。

授業者の声

○日ごろの生活では，男女の意識があまりなく，仲の良いクラスである。しかし，教材文との出会いにより，「そもそもからかうのはなぜなのか」という疑問が表面に現れたと言える。これまで意識していなかったからこそ，対話することにより，異性に対して素直になれない部分があることについても，話すことができた。

○担任が「男女仲よくしなさい」と言うのではなく，また，やられたことを訴えるだけということでもなく，対話することで，男子の考え，女子の考えを本音で素直に話せた。本当は話したかったのではないだろうか。また，「異性がいるからよいことがある」という事実に気付くことができた。今回のp4cによる道徳が，男子か女子かではなく「その人を見てほしい」という方向で考えるきっかけとなった。学級経営にも大きく役立つと考えている。

○道徳では，考えを書くだけではまともなことだけのきれいごとになってしまう。しかし，p4cをする子どもたちは，真剣な中にも開放感があるように感じる。本当のことは，p4cであるから言えるということも多い。本時でも「本当はドッジボールを男子とやりたかったが遠慮していた」ということが分かり，普段話さない男子が「なぜ言わなかったのか。」と発言したことに担任として大いに驚いた。互いの見えなかった面が見えたことで，互いを理解し合うということの大切さに気付いたと言える。（その後，ドッジボール大会を実施した。）

○p4cに出会う前の自分の道徳の授業を振り返ると，パターン化されたものであり，子どもから遠い発問，子どもが考えにくい発問をしていたように思う。理解力のある子は，こちらの求めることを見抜いて答えてくれるということも多かった。国語との違いが明確にならないこともあった。しかし，今は，教師も子どもも「教材─考え─体験に戻す」ことがやりやすくなったと言える。そして，子どもの立てた問いは，より具体的になっているように感じている。

授業者の声を受けて

○**教材文を読んだことで，**子どもたちは，普段仲の良い自分のクラスにも，表面に出ていなかっただけで，実は「からかい」のような問題があることに気付き，それを問いにすることを選んだ。価値理解をし，対話することの必要性を感じたからである。

○**本時の対話は，**「友達といてよかったという経験」について全員が考えを述べることから始めている。友達とは何かということを経験からあぶりだし，さらに本時の問い「男女の友情をなぜからかうのか」に入ることで，一人一人が自分の経験を振り返りながら，人間のもつ様々な面を言葉にしていった。まさに人間理解を可能にした場面である。

○**教師が選んだ掘り下げの問い**「男子女子の友達がいてよかったということはないですか。」により，思考は一つの方向に絞られた。「男女の友情の良さに気付かせたい」という担任の思いととれる。しかし，男女の友達関係について経験を語った後，子どもたちは，さらに疑問を投げかけながら対話を深めており，互いの良さを理解していると捉えることができる。

　本実践では，教材文がこれまで明確に認識できていなかった自分たちの課題を表面化させるきっかけとなり，問いを立てる重要な資料となった。対話の経験が知的セーフティの場を作り，道徳の時間を，自分自身の考えを確認し，友達の考えを聞き，新しい考えを生み出す場にしていると言える。つまり，本時は主体的・対話的で深い学びが成立した道徳実践であると評価できる。

（宮城教育大学　上廣倫理教育アカデミー　探究の対話マイスター　砂金 みどり）

授業について

思ったことを素直に言い合える支持的風土

仙台市立新田小学校校長　仙台市小学校教育研究会道徳部会長
須藤 洋

　導入で、「友達がいていいなと思ったとき」について全体で共有できたのは良かった。次の『選ばれた問い』「男女の友情をからかうのはなぜか」を話し合う時間では、これまでからかったことがあったり、からかわれたことがあったりする児童の経験や思いを十分引き出すことができていた。次の全体に投げ掛けた『掘り下げの問い』「異性の友達がいて良かったと思うときはないですか？」も、男女の友情を別な角度から振り返ることを促し、この時間でも児童の考えを十分に引き出すことに成功していた。この二つの問いについて十分話し合うことで、児童は「異性の友達のよさ」と「からかう理由」について対比しながら自分ごととして深く考えることができていた。その間に、自分の疑問を仲間にぶつけ、その疑問に仲間が答えるという積極的な話し合いが自然な流れで展開していたことから、これまでの実践の積み重ねで自分の思ったことが素直に言い合える支持的学級風土がしっかりと育ってきたことがうかがえた。一人の児童の発言から、男女が一緒にドッジボールをしていなかった学級の現状を客観的に見つめ直せたこと、そしてその発言を聞いた児童から「やろうよ」という意見が出たこと、そして授業後にドッジボール大会を実施したということから、今回の実践が多面的・多角的な深い学びが成立した実践であり、道徳的な判断力、心情、実践意欲と態度を育てることにつながる好実践であったことが良く分かった。

自分自身や他者，コミュニティへの信頼感を育む

宮城教育大学准教授（臨床心理学）
久保 順也

　「友人」概念は年齢と共に変化する。思春期にある小学校高学年にとっての友人関係とは、相互に援助する持続的な関係のことを指す。特に同性の友人との間でチャムシップと呼ばれる緊密な結び付きが生じる時期である。また性自認や性差に関する意識が高まる時期でもある。男女の友情というテーマは、まさにこの時期に学級問題となっている可能性もある。学級問題を解決するための討議となれば、学級活動がそれにあたる。一方でp4cは、問題解決のために意見を収束させる場というよりも、むしろ多様な意見を提示して思考を拡散させる場であると思う。その違いは意識しておきたい。
　p4cで児童らは「男子」「女子」とカテゴリーに分けて語ることが多かった。そこで例えば「もし男女を分けなかったらどうなる？」というIfのライテックを用いて、ジェンダー意識や、多様な他者を理解することについて児童らに考えを深めさせることもできるだろう。
　教材中、すみ子は「男の子も女の子も、みんなで力を合わせていたときの学級に戻ってもらいたいのです」と学級内の問題を言語化する。ここから、すみ子は学級や一郎が元の姿に戻れるはずだという「信頼」を寄せていること、また仲間の前で問題に言及しても大丈夫という自分への「信頼」も抱いていることがうかがえる。これらの「信頼」は、p4cで培われるSafetyと同種のものと感じられた。p4cを通じて、自分自身や他者、コミュニティへの信頼感をぜひ育みたい。

トピック

幼児教育における取組

宮城教育大学　上廣倫理教育アカデミー

幼児教育でp4cに取り組むことの意義

Ⅰ　小学校教育との円滑な接続に向けて

　　幼稚園教育要領では，幼児期の終わりまでに育ってほしい姿の中に「道徳性・規範意識の芽生え」「思考力の芽生え」「言葉による伝え合い」「豊かな感性と表現」等を明確にし，これらを小学校教師と共有するなど連携を図り，幼児教育と小学校教育との円滑な接続に努めることを示している。

Ⅱ　幼児期における"言葉"の実態

　　幼児は，自分の分からないことや知りたいことなどを，相手に分かる言葉で表現し，伝えることの必要性を理解し，伝える相手や状況に応じて，言葉の使い方や表現の仕方を変えるようになる。そして，教師や友達が話を聞いてくれることによって，言葉でのやり取りの楽しさを感じ，やり取りを通して相手の話を聞いて理解したり，共感したりして，言葉の伝え合いに対する喜びをもつようになっていく。

Ⅲ　p4cに取り組む意義について

　　言葉の力を獲得する幼児期にp4cによって人の話に心を傾けること，対話を通して心の交流を図ることを体験させ，伝えたいという思いや相手を理解したいという気持ちを育てたいと考えた。以下，K保育園においての取組を紹介する。

1　**ねらい**　　子どもたちにp4c（聞くこと　考えること　話すこと）の楽しさを伝える。
2　**参加者**　　年長児　園長先生　担任の先生
3　**活動の流れ**

（1）「探究の対話（p4c）」の読み方について理解する。
　①「p」「4」「c」の3枚のカードを提示し，順番に言葉の読み方について説明する。
　②子どもと一緒に唱和し，読めたら大いに褒める。

（2）「探究の対話（p4c）」の意味について理解する。
　①「聞いている」「話している」「考えている」姿の絵を3枚提示する。
　②それぞれの絵の様子から，気付いたことを発表させる。
　③一番大切なことは「聞くこと」であることを確認する。
　④多様な意見が出るように，どんどん子どもの声を拾い，考えること・気付くことの楽しさを味わわせる。

（3）ホットシートを行う。
　①子どもたちは2グループ（A・B）に分かれ，1列に並んで座る。
　②グループの先頭の子どもの前に，子どもと向き合って園長先生，担任の先生が座る。

　③子どもたちは，一人一つずつ，次々と先生に質問し，答えを聞いたら，列の後ろから椅子に座る。
　④できるだけ早く質問させる。
　⑤全員が質問し終わったら，終了とする。
　⑥先生を入れ替えて，2回行う。
　⑦活動の感想は先生が話す。

（4）「探究の対話（p4c）」の練習をする。
　①自己紹介
　　・子どもたちは，円をつくって座る。
　　・コミュニティボールの作り方を説明する。
　　・毛糸を巻きながら，自己紹介をさせる。
　②アクティビティ
　　・スピードボール
　　・もし～だったら（理由を話させる）
　③不思議なこと探し

（5）振り返り
　①よく聞いたか。　　②考えを話したか。
　③たくさん考えたか。　④楽しかったか。

4　実践を通して

　今回の活動は，学校教育における「探究の対話（p4c）」の可能性につなげるため，就学前の園児と共に行ったものである。園児は初めて体験したにも関わらず，非常に集中して取り組んでいた。「聞くこと」「話すこと」「考えること」の楽しさを十分に味わうことができたようである。活動後，園の先生方は，「いつもは話さない子どもが話していた。」「聞くことが大切であることを改めて子どもたちと確認できた。」「子どもがここまでできるということが分かった。」と毎日接している子どもたちの様子と違っていたことに驚いていた。就学前に身に付けさせておきたい「学びの姿勢」をp4cで培うことの意義を感じた実践となった。

（髙橋　隆子）

実践事例7

中学校1年

遵法精神，公徳心
「選手に選ばれて」

- 中学生は，私の自由を主張する権利と公のためになすべき義務のどちらを重んじるべきか，選択に迷う場面が多くなってくる。この困難な問題について，主体的に考え判断するためには，よりどころとなる価値観を自らの中にもっている必要がある。

- 対話を通して，生徒がもっている権利と義務についての多様な価値観を掘り起こし，権利も義務も互いの自由意思の尊重と社会の安定につながっていることに気付かせたい。

権利と義務のどちらを主張するべきか，心情円に表してから対話に入る場面

授業コンセプト

内容項目

遵法精神，公徳心　　　C-10

　法やきまりの意義を理解し，それを進んで守るとともに，そのよりよい在り方について考え，自他の権利を大切にし，義務を果たして，規律ある安定した社会の実現に努めること。

テーマ

権利と義務を考えて

教材名

「選手に選ばれて」　　東京書籍『新しい道徳』　1年　P.17～19

テーマ設定の理由

　個人の自由意思を主張する権利と，自らの好き嫌いに関わりなく公のためになすべき義務は，一見対立する価値のように感じられる。しかし，自分の権利を正しく主張し，自らに課せられた義務を果たすことによって，人々の生活が実現するのである。「権利と義務」を多面的・多角的に考えることで，自分なりの価値観をもたせたい。

事前学習
- 教材文を黙読し，問いを立てさせる。　●内容項目に沿った問いを四つに絞る。

心情円の活用
- 権利と義務のどちらを選択するか，心情円で視覚化し，自分の考えの根拠を明らかにさせる。
- 対話前と対話後の心情円を比較し，集団生活における権利と義務について深く考えさせる。

WRAITEC（ライテック）の活用
- 「なぜなら」「例えば」「反対の例は」「でも」「もし～なら」「詳しく話して」

多様な考えを聞き合い，
自分たちの生活に生かすようにする。

教材文と p4c

答えが一つではない問いについての対話は，互いの価値観を知る機会となる。

教科書 P.17　L2
リレーの選手にA君が選ばれた。
小学校のころ，短距離の選手。いつもすばらしい成績。

教科書 P.17　L6
選挙が終わって異議を申し立てた。
出ようと出まいとぼくの自由
気持ちを無視して勝手に選手に
出たくないから出ない

教科書 P.17　L7
「もう選挙で決まった。」
選挙で決まった以上，
出ないのは勝手すぎる
理由を言えよ

教科書 P.18　L5
一人の生徒が立ち上がって，
「A君は，選手になると勉強ができなくなるから，
出たくないんじゃないか。」

教科書 P.19　L10
クラスがだいじでないとは
言ってない。
自分の勉強のおくれはどう
なる「選ばれたから出ろ」
は一種の暴力
個人の気持ちも尊重して

教科書 P.19　L5
選挙で選ばれた以上，出場する
義務。
勝手なことは許されない
出ないのはA君のエゴ
個人がだいじか，クラスがだいじか

教科書 P.19　L13
A君のエゴか，学級の暴力か，結論の出ないまま時間切れ

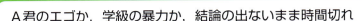

予想される問い
選ばれた以上，選手になる
義務はあるのか。

予想される問い
対立が起きないように，
事前に何をしておけば
良いのか。

予想される掘り下げの問い
個人の権利を主張する時は
何が大切か。

授業の流れ

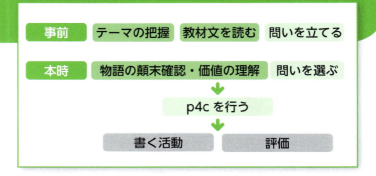

【事前】テーマを把握する・教材文から問いを立てる

発　問

　次の学習では「権利と義務」について考えます。権利とは「ある物事をしてよい，またはしないでよいという資格」のことで，義務とは「法律上または道徳上，しなくてはならない，また，してはならないこと」です。

　教材文「選手に選ばれて」を黙読しましょう。黙読後，クラスで話し合いたいことを問いとして立てましょう。

　　（生徒は問いを立てる。）

　では，道徳の授業の初めに，皆さんの立てた問いの中から，みんなで話し合いたい問いを決めることにします。

＊予想される問い＊
① クラスの人たちは，もっとしっかり話し合えばよいのではないか。
② 個人の事情と集団の意見のどちらを尊重するべきか。
③ もし，自分がこのような状態になったらどう思うか。
④ どうして，みんなは勝手にＡ君を選手に決めたのか。
⑤ 自分の成績が大事か，行事が大事か，どちらを優先させたらよいのか。
⑥ 選ばれた以上，出場する義務があるのか。
⑦ なぜ，クラスの人はＡ君を選手にしたがるのだろうか。
⑧ 対立が起きないように，事前に何をしておけばよいのか。
⑨ どうしても義務を守らなければならないのだろうか。
⑩ こういうトラブルが起きた時，出たくても出られない人はどうすればよいのか。

など

【本時】主人公が置かれた状況を理解しながら，自己の経験と結び付けて考える

ねらい

　権利と義務という一見対立するそれぞれの価値の関係について多面的・多角的に捉え，集団の一員として相手の思いを理解しようとする心をもって，正しく権利を主張するとともに，主体的に義務を果たすことについて考える。

1 教材文の内容とテーマについて確認する

○物語の顛末と価値の把握を行う。（黒板で「権利と義務」の文言を整理し，意味を確認する。）

2 「A君はリレーに出るべきか，出なくてよいか」自分の考えを心情円で表す

○出るべき（義務）＝青，出なくてよい（権利）＝赤
※自分の考えの根拠をもたせる。

3 問いを決定し，選んだ問いに対する自分の考えをワークシートに記入する

○生徒が立てた問いの中から，内容項目に沿ったものを三つに絞り，問いを決定する。
※話したい問いを選択することで，より深くテーマに迫るようにする。

4 対話を始める

○今日の問い「例：権利と義務，どちらが大事か。」
○今日の問いを立てた人から，この問いにした理由と考えを話させる。
○この問いについて，話をしたい人からボールを回す。

掘り下げの問い

＊予想される掘り下げの問い＊

例 「義務を果たせば社会全体が安定する。」という発言がありました。では，「義務を果たすだけで，本当に良い社会になるのでしょうか。」

例 「個人の権利を主張するときには，どう主張すれば良いですか。」

〜対話にあたって〜

☆結論を引き出すことがねらいではないことから，多様な価値観を互いに聞き合う中で，集団の一員として権利や義務を主張するときに大事なことは何かを深く考えさせたい。

5 本時を振り返る

○対話後の自分の考えを心情円で表す。
○権利と義務について新しく気付いたこと，考えたことをワークシートにまとめる。
○心情円がどう変わったか，振り返りの発表をする。
○今日の「探究の対話（p4c）」について振り返る。

評価の視点

○対話を通して互いの主張の違いについて理解し，集団生活における「権利と義務」について深く考えることができる。

授業記録

Ⅰ 心情円　⇒　問いの決定

T　「選手に選ばれて」という資料を読んで，A君はリレーに出るべきか，出なくてよいか，自分の考えを心情円に表してみましょう。出るべきは青，出なくてよいは赤です。
（生徒は心情円を動かし，足元に置く。）

T　皆さんの問いの中から，テーマに沿って三つに絞りました。今日の問いを決めましょう。

自分の意見と大人数の意見，どちらが大切か。

・・・・・・・・・・・・・・・・・・・・・・・・・ ● **問いを立てた理由** ● ・・・・・・・・・・・・・・・・・・・・・

話し合いなどで自分の意見を言ったとして，大人数だと意見がつぶされてしまうけど，私は自分の意見が一番大切なのではないかと思って，この問いにした。

C 1　大人数の意見の方が大切。理由は，一人の考えが正しいこともあるけれど，大人数で話し合うと良い意見になっていることがあると思ったから。

C 2　どちらの意見も大切。理由は，自分の意見も曲げてはいけないから。

C 3　人数の多さで決まってしまわないように，個人の意見を尊重すべき。

C 4　大人数の意見が大事だが，時と場合によっては，個人の意見が大事になる。この資料のようにA君をリレーの選手にして，将来困るようなことになったら，大人数の人たちは責任を取れない。自分の意見なら自分で責任を取ることができる。だから，個人の意見も大切。

C 5　この話のように学級の話し合いでは，一つの意見しか出ないことがある。いろいろな意見を取り入れたほうが良いものができる。

C 6　時と場合によるけれど，まずは自分の意見を大切にするべき。自分の意見を主張してから，周りの意見を聞く。

C 7　自分の考えをしっかりもつことは大切。自分の意見を言うことで，さらに良い案が出てくるかもしれない。

C 8　選挙を行う前にクラスの中で足の速い人に希望を取ってから，選挙で誰が走るかを決めれば良いのでは。

C 9　A君は小さいころから短距離の選手ですばらしい成績を収めていたから，周りの空気みたいな感じで選ばれるということがあったのでは。みんなの意見で決まる前に「僕はやりたくありません。」と言うことが大切だと思う。

C10　僕も同じで，走りたくないのであれば，選挙とかをする前に言うべきだ。

C11　選挙前に言うのは難しい。理由は，よっぽどの自信がないと「やりたくない」なんて言えないし，自分が選ばれるかも決まっていないことだから。

C12　A君は勉強に集中するために陸上部をやめた。クラスの人は，個人の事情を知っておくというか，気遣いができることも大切だと思う。

C13　選手に決まってもいないのに自分から「走りたくない」というのはどうか。みんなの意見を集めてから，走りたい人の中で選挙をしたらいいかな。

C14　走るか走らないかは自分の権利の問題。選ぶ権利は自由だと思う。

C15　クラスの人に選ばれたって書いてあるので，A君はもう走る義務があると思う。

C16 自分の将来を考えているA君は，走らなくてもいい。

C17 A君がいやいや練習しても勝ちたいと思わないだろう。身が入らないのなら意味がない。後悔しないようにすることが大事。

Ⅱ 掘り下げの問い（1）

出るべき，出なくてよい，この二つの考えは，どちらが正しく，どちらが正しくないのか。

C18 「どちらが正しい，正しくない。」は判断できない。A君を推薦する人たちからすれば，A君の実力を知っているからこそ，薦めている。それは正しい。A君にしてみれば，勉強をしたいので走りたくないという理由がある。A君は自分の意見が正しいと思っている。

C19 クラスの考え方によって違う。今の自分のクラスでは，ほとんどの人が心情円を赤にしている。個人の意見を尊重するべきという考えの人が多い。

C20 判断はつけられない。理由は，人それぞれの考え方があるから。法律とか限度があれば決められるが，人の考えに正しいか正しくないかは決められない。

Ⅲ 掘り下げの問い（2）

異なる意見，どうしたらうまくいくのか。

C21 選挙で選ばれたので，A君は本番だけ走れば良いのでは。

C22 良い意見だと思ったら，少しずつすり合わせていって，例えば練習回数を減らしてよいか確認するなど。出た意見をどちらかにするのではなく，賛同できる人が多くなるような意見を，また新しく作るのが良いのでは。

C23 今後のことに対しても責任が取れて，みんなが納得するような意見になるように。意見が正しいか正しくないか判断をつけるのは難しいこと。

C24 みんなの意見に違う意見を言う人は，「これはどうですか？」という案を出したらうまくいくのでは。

T うまくいかない時は，案を出すという意見が出ました。では，心情円に戻ります。対話を通して，赤と青の割合に変化はありますか。
（生徒一人一人が心情円を動かす。）

Ⅳ 振り返りを書く ⇒ 発表

T 心情円が変わったという人もいます。そのことも踏まえながら振り返りに書きましょう。

C25 他の人の意見では，"進路"や"権利"という言葉が出てきた。「練習は週1回にして」の意見に納得した。

C26 自分の意見をしっかりもち，大人数の意見を少しでも考えることが大切になると思った。

C27 自分の意見の方が大切だと思っていたが，そのクラスに私がいたら，私も選手の名前に「A君」と書いたかもしれない。なんかもやもやしてしまった。

ワークシートからの見取り

＜p4c ワークシート＞　　　　　　　　　　　　　　生徒　A

1　テーマ　「権利と義務を考えて」

2　今日の問い

自分の意見と大人数の意見，どちらが大切か。

3　問いについて，あなた自身の考えを書きましょう

自分の意見を主張していくことが大切だと思うが，時と場合によっては変わってくる。この場合は，大人数の意見を考えていったほうが良い。周りで困ってしまう人が出るのなら，投票をする前に言っておけばいい話だから。

> 資料から，個人の意見を大切に感じている一方で，ときに個人の意思に関係なく決めなければならない場合もあると理解している。また，登場人物の主張の在り方に疑問をもっている。

4　みんなの考えを聞いて，自分はどんな考えになりましたか

「権利と義務」の問いについて考えることは，少し難しかった。やはり自分の意見と周りの意見をどちらかに決めるのは難しいこと。最初，この場合では，周りの意見でリレーに出ることを考えていったほうがいいと思ったが，いろいろな意見を聞いて，どちらが良いのかを選ぶのが難しくなった。けれど，意見の中で出た「それぞれの意見をつなげて，みんなが平等になるようにする」は，大切なことだと思った。

> 答えの出ない問いを考える難しさについて，3回も記述していることから，対話を通して葛藤していた様子がうかがえる。友達の意見の中から，互いの主張を両立できる手立てを見つけることができた。

5　今日の授業で心に残った言葉

> 納得する意見

6　振り返り

①自分の考えを話した　　　　4 － 3 －②－ 1
②友達の話をよく聞いた　　　④－ 3 － 2 － 1
③安心して参加できた　　　　④－ 3 － 2 － 1
④新たな発見があった　　　　④－ 3 － 2 － 1
⑤また p4c をやりたい　　　　4 －③－ 2 － 1

生徒Aについて ....

　本単元の目的は，権利と義務の二項対立から，どちらか一方を選択するという結論を出すことではないが，掘り下げの問い「二つの意見，どちらが正しくどちらが正しくないか。」「異なる意見，どうしたらうまくいくのか。」についてしっかりと考えていた。自分たちの身近な問題を解決するためには，相手の気持ちや状況に応じ，互いにとって一番良い方法を見つけていくことが大切であると気付いた。そのことが心に残った言葉「納得する意見」に表現されている。

授業者の声

○論点は実生活まで至らなかったが，資料の登場人物の気持ちを代弁するように自分の考えを話していた。「分からなくなった」という感想があり，それだけ考えていたのだと思う。難しいテーマだったが，対話に参加し，考え，気持ちが変わったようで，友達と関わらせるp4cこそが大切である。

○心情円はすごく効果があったと感じる。初めの考えと対話を終えての考えを比較したところ，互いの気持ちの変化がはっきりと目に見え，生徒から歓声が上がった。

○p4cを取り入れる前の道徳は，生徒は教師の発問に対して，教材の中から答えを選び出していた。どう言えば先生が「よし。」と言ってくれるのか，待っていた。p4cは問いを立てるおもしろさがある。選んだ問いにフォーカスして自由に意見を言えるのが最大のすばらしさだ。

○p4cには自由な雰囲気がある。生の声が聴ける。普段話さない子どもが，過去のことを話すことがある。一人の経験を聞くと，周りの子も真剣に考える。閉ざしていたものを破ろうとしているのかもしれない。気持ちをオープンに話す子どもが増え，各教科の先生方と細かい関わりができるようになってきたと感じる。

○p4cの実践を重ねてきて，「それってどういうこと？」と，生徒の意見を大切にするようになった。共感してあげる姿勢も自分の中に生まれてきた。生徒の姿から，相手の意見を聞く大切さに気付かされた。

授業者の声を受けて

○**教材文を読んで，**どの生徒も似たような経験を思い出したに違いない。「権利」と「義務」のどちらを重んじるべきか，双方の気持ちに入り込み，生徒たちは大いに迷っていた。集団の一員としての意識をもって，自分の考えを正しく主張するとともに，主体的に義務を果たそうとすることについて考えるきっかけが生まれたと言える。それは，権利と義務の関係について自己内対話をし，自分の中の価値観を改めて捉え直す自己理解にもつながった。

○**生徒が立て，選んだ問い**は「自分の意見，大人数の意見，どちらが大切か。」である。実際の学校生活における諸問題をどのように解決してきたのか，解決するべきか，生徒の体験や経験はあまり話されていないが，自分の考えを登場人物の気持ちに寄り添った形で表明していた。多感な中学生にとってあまりにも身近な問題である場合，本当のことを話したり，具体的な例を挙げたりするのは遠慮してしまいがちになるという面が見られた。ただし，そのことは，表面的な話し合いで終わるということではなく，話しにくいテーマについても互いの気持ちを気遣いながら，発達の段階に応じて真剣に対話をする人間理解に向かう姿だと言える。

○**掘り下げの問い**「どちらが正しくどちらが正しくないか。」「異なる意見，どうしたらうまくいくのか。」により，更に生徒の心情は揺さぶられ，「相手の気持ちや状況を考えること」「互いの主張を両立できる方法について考えること」など，多様な考えを交流することができた。

　本実践は心情円を用い，自分の立場を明らかにしてから対話に入る流れである。よりよい生活を実現するための話し合いは，自分の意思としての権利を主張しながらも他者を思いやって「権利と義務」の意味について考える学習となり，それぞれの心の成長につながった。「分からなくなった」「もやもやした」という振り返りからも，迷い葛藤し，考え続けた姿が見える。

（宮城教育大学　上廣倫理教育アカデミー　特任准教授　髙橋 隆子）

授業について

結論を引き出すことがねらいではない

宮城県登米市立北方小学校校長　前宮城県北部教育事務所次長
成瀬 陽子

　　多面的・多角的な見方を育てるためには，生徒の思考を視覚化するツールが有効である。本実践では，心情円を活用し，その効力を発揮した。思考の可視化は対話を活性化するだけでなく，意見や考えの変容を生徒も教師も互いに確認することができ，個の変容をとらえる評価にも役立つ。このことは，「ワークシートからの見取り（生徒A）」からも明瞭である。

　本実践で目を留めたのが，「結論を引き出すことがねらいではない。」「集団の一員として権利や義務を主張するときに大事なことは何かを深く考えさせたい。」と，教師が対話にあたってのねらいを明確にして授業に臨んでいる点である。このことは極めて重要である。道徳科の話し合いは「何らかの合意を形成することが目的ではなく」（中教審答申）と示しているように，合意形成を図ったり，結論を引き出したりすることがねらいではない。本実践のように物事を多面的・多角的に学ぶことがこれからの道徳科がねらっている授業である。

　二つの掘り下げの問いも吟味されている。これにより生徒の心情を揺さぶり，互いの考えをつなげる対話を展開させた。もちろん，生徒が誠実に価値に向き合い，問題について考え続けるためには，互いの意見を自由に出し合い，相互に尊重し合える学級づくりが必要であることは言うまでもない。本実践は，このような中で展開された実践である。

授業前の教材研究が重要

宮城教育大学教授（哲学）
川﨑 惣一

　　この教材文はかなり難しい内容を扱った文章だと思うので，p4cを導入するかどうかにかかわらず，考えるべきポイントをはっきりさせるのはなかなか大変なのではないかと感じる。「A君はクラス対抗リレーに出るべきかどうか」について生徒たちがどんな意見を持つにせよ，「あれか，これか」の二者択一にはならないはずなので，「心情円」を使って自分の思いを明確にするよう促すのは，とてもよい試みだと思った。そのあと，対話のなかでその思いの理由をはっきりさせていくことで，思考の深まりを促すことができるはずである。

　選ばれた問い（「自分の意見，大人数の意見，どちらが大切か。」）は「権利と義務を考えて」というテーマからやや離れているので，こういう場合に対話をどう進めていくのが良いか迷うところではないだろうか。対話の流れに沿って掘り下げていくのが一番だが，そのためにも，ファシリテーターである教師が授業前にしっかり教材研究をしておく必要がある。その点から考えると，2番目の掘り下げの問い（「異なる意見，どうしたらうまくいくのか。」）とそこからの生徒たちの発言は，思考の深まりを感じさせる。みんなで何かを相談して決めようというときに，「私たちが大切にするべきものは何か」について生徒たちが自分なりに考えを深められたのだとすれば，p4cをやってみて良かった，ということになるのではないだろうか。

実践事例8

中学校2年

よりよく生きる喜び
「本当の私」

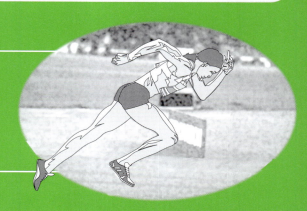

- 中学生は，人が弱さと強さの両面をもっていることに気付いている。頭の中で分かってはいるが，素直に行動に移せない時期であると言える。他学年と比べて，緊張から解放されていることや，気持ちが揺らめいていることも多い。

- 教材文を通して自分の弱さに打ち勝とうとする生き方について知り，対話することで，自分自身がよりよい生き方をするためにはどうしたらよいのかを考える機会にしたい。

問い「うそをつくメリットって何だろう」で対話する場面

授業コンセプト

内容項目

よりよく生きる喜び　　　D-22

　人間には自らの弱さや醜さを克服する強さや気高く生きようとする心があることを理解し，人間として生きることに喜びを見いだすこと。

テーマ

人間の強さ・気高さ

教材名

「本当の私」　東京書籍『新しい道徳』　2年　P.116〜121

テーマ設定の理由

　よりよく生きていくためには，「人間は，内に弱さや醜さをもつと同時に，強さや気高さを併せてもつこと」の理解が大切である。しかし，自分に自信がもてずに，劣等感にさいなまされたり，人に対する妬み，恨み，うらやましく思ったりすることもある。そこで，自分も含め誰に対しても人間としての良さを見いだすことの可能性について考える。

2時間扱いの学習

①「本当の私」をもとに「よりよく生きること」について考える。
②自分自身を振り返って問いを立てる。
③対話によって，よりよく生きる喜びにまで思いを至らせる。

WRAITEC（ライテック）の活用

● 「例えば」「反対の例はないか」

具体例を考えることで自分の生活を振り返る。

教材文と p4c

教材文を読む中で，生徒の問いは生まれている！

教科書 P.117　L6
「この金メダルは薬の力で取ったものだったなんて……。」

教科書 P.117　L7
「もう絶対に薬物には手を出さない。」

予想される問い
ドーピングをしているときはどんな気持ちなのか。

教科書 P.117　L16
「A社の薬は，ドーピング検査を簡単にかいくぐれる。」

予想される問い
なぜ，よりよく生きるかどうかの選択は難しいのだろう。

教科書 P.119　L2
自分とは思えないほど大きくなった体と，たがいに高め合ってきたライバルたちに大差をつけて走る自分の姿

教科書 P.119　L6
自らドーピングを告白，優勝賞金と全ての金メダルの返還

教科書 P.119　L11
自分にとって本当に大切なものを取りもどした

予想される問い
よりよく生きるとは，どういうことなのか。

予想される問い
うそをつくメリットって何だろう。

授業の流れ

【第1時】教材文で学ぶ

ねらい
人間は内に弱さや醜さを持つと同時に、強さや気高さを併せて持つことを理解する。

1 導入
教科書の例を参考に、葛藤経験について振り返る。

2 展開
(1) 教材文「本当の私」を読む。
(2) 発問① エイミーは薬物について公表することを迷ったか。
　　発問② 言うことのメリットとデメリットは何か。言わないことのメリットとデメリットは何か。（板書）
　　発問③ トップアスリートでさえも弱い心をもっていることに共感できるか。
(3) 弱さや醜さを克服して、人として誇りをもって気高く生きるとはどういうことかを考える。

3 終末
「よりよく生きること」について皆と話し合ってみたいことを考え、各自、問いを立てる。

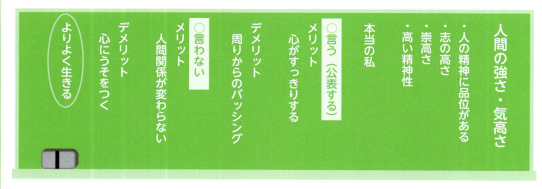

評価の視点
○弱さを克服して気高く生きようとするエイミーの姿を理解したり、共感したりして、自分の考えを深めるために問いを立てることができる。

【第2時】p4c で深く考える

ねらい

選んだ問いをもとに対話をし，よりよく生きることについて考えを深める。

1 問いを選ぶ

○前時で出された問いの中から，一人2票ずつ投票し，多数決で問いを選ぶ。

─＊予想される生徒の問い＊─

例「気高く生きるとはどういうことか」 例「良心に従うことで後悔することはないか」

自分の考えを書く

○選ばれた問いについてワークシートに自分の考えを書く。

2 対話を始める

○p4cのルールを確認する。
○今日の問いを立てた人から，この問いにした理由と自分の考えを話す。
○話をしたい人，話を聞いてみたい人にコミュニティボールを回して対話を進める。

掘り下げの問い

○生徒から出てくることが望ましい。多くの意見が出そろった様子や，意見が偏って
　きた様子が見られたとき，教師が掘り下げの問いを出すこともある。

─＊予想される掘り下げの問い＊─

例 人としての強さや気高さはどんなときに必要か。 例 自分らしく生きるとはどういうことか。

> #### ～対話にあたって～
>
> ☆自分の経験を振り返って，弱さや醜さを克服することの難しさや気高く生きるこ
> 　との良さを実感したことがあれば，話題にする。
> 　　　　　　WRAITEC（ライテック）の活用　⇒　「例えば」「反対の例は」
> ☆アスリートでなくても葛藤することはあり，乗り越えた人だけが味わうことので
> 　きるよりよく生きる喜びについて考えを深めさせたい。

3 対話を振り返る

○今日の対話から分かったことや，考えが広がったり深まったりしたこと，新しく発
　見したことなどをワークシートにまとめる。分からなくなったことや○○さんの意
　見で自分の考えが変わったことなどもあれば書く。
○振り返りの発表をする。（選ばれた問いを出した生徒にも発表してもらう。）
○今日の探究の対話について振り返る。

評価の視点

○選ばれた問いについて対話をし，よりよく生きることについて自分の考えを深めたり広め
　たりすることができる。

93

授業記録

Ⅰ 選ばれた問い

うそをつくメリットって何だろう。

●●●● 問いを立てた理由 ●●●●

　教科書の陸上選手のように，自分がしてはいけないことをしてしまったときに，うそをついたことを正直に白状したという話から，うそをつくことでどのように変わるのかというのが気になったのでこの問いにした。

C1　うそをつくことで一時的に自分が有利に立てるけど，一度うそをつくと，ずっとうそをつき続けなくてはいけない。

C2　本当のことを言うと周りから非難されるようなことでも，うそをつくことで，非難されずに済んだりして，自分を守ることができる。

C3　自分の都合のいいように物事を変えられることがメリットだと思う。

C4　欲しいものなどが手に入るかもしれないが，自分の気持ちは罪悪感しかない。

C5　うその内容による。

C6　うそをつくことは，大体その場その場で自分のメリットになることだと思う。自分にデメリットがあるようなことはやらないと思う。

C7　うそをつくメリットは，自分を好印象に思わせることで，かっこよく，かわいく，自分がすごいとか。自分のダメなところや欠点とかを隠すことができる。都合が悪いとき，自分の都合の良いようにできること。

C8　真実を変えることはできないが，隠すことはできる。

C9　うそをつくと周りから自分が良いように見られるし，自分の実際に体感できるよいことが増えていく。けど，心の，気持ちの問題とか，そういうのがどんどん悪くなっていく。

C10　相手との信頼を崩さないようにするためのうそならば，ちゃんとしたコミュニケーションの一つだと思う。

C11　うそをついてもメリットはないと思う。うそをついても，いずればれてしまう。

C12　人を傷つけないうそはいいと思う，

T　忘れていても，うそをついたことをふと思い出すこともあるし，人を思いやるために必要なうそもあるのかなあと思った。
　エイミーさんの話は，うそをついてはいない。正直に言ったわけだけど，こんな問いを出していた人もいたよね。

Ⅱ　掘り下げの問い（1）

うそをつくのは自分に甘いということ。どうしたら，常に自分に厳しく生きられるのだろうか。

C13　テスト前とかに，スマホを見ないと自分の中で決めていても，どうしても見てしまうことがあるので，一度決めたことをやり遂げるための強い気持ちを最初から最後まで保つには，どうしたらいいかなって気になっていた。

C14　自分に厳しくないっていうのは，勉強の能力を上げたいからスマホを見ないようにするっていうんだと思うけど，スマホを見てしまうってことは，成績があんまり下がってないからとか，ショックを受けたことがないからで自分に甘い気がする。

C15　周りの強い人とかと強制的に競争すれば普通に強くなれると思う。

C16　常に厳しくとか，自分に厳しくしなくていいと思う。テスト前に見ないっていう厳しさもあるけど，終わったら少しでもゆっくりする時間があるから。

C17　勉強以外で自分に厳しく生きるって，例えばどういうことかな。

C18　ゲームとかテレビとか禁止みたいな。

C19　中途半端なことをしないとか

C20　寒くても朝早く起きるとか。二度寝しないとか。

Ⅲ　掘り下げの問い（2）

強さや気高さは，どんな時に必要なのかな。

C21　生きていく日々。全般に必要なんじゃない。

C22　二択とか選択をしなくてはいけないとき。

C23　勉強面で言ったら，テストがあるけどテレビを見るとか，そういう自分の優先したいものを決めるとき。

C24　大事な選択をするときにも必要なんじゃないかな。

T　気高く生きようとすれば，自分に厳しい選択をするかもしれないね。逆に言えば，自分に甘い選択をすることをどう思う。

C25　甘い選択もあっていいんじゃないかな。

C26　甘い選択をすると，ずっと努力しないでいると思うので，人生を楽しまないっていうか。

Ⅳ　振り返りを書く⇒発表

C27　相手に悪いことが起きたときや相手が辛そうなとき，自分がどう動くかというのが，自分の理性，ここまで自分の生きてきたその行動とかが表れるんじゃないかと思う。

C28　選択は，自分の生き方が表れるものの一つなんだと思った。人によって，気高さが必要と思う場面も違うのではないか。誰にでも気高さはあると思うし，個性によって気高さの使い方が違うと思った。

C29　自分はどうなのかって考えられてよかった。

ワークシートからの見取り

<p4c ワークシート> 生徒　A

1 ▶ テーマ 「よりよく生きる」

2 ▶ 自分が立てた問い

なぜよりよく生きるかどうかの選択は難しいのだろうか。

3 ▶ 問いを立てた理由

最初にあった全ての例は，よりよく生きるかどうかの選択だと思った。よりよく生きることは良いことなので，答えは一つのはずなのに，選択が難しいのはなぜかと疑問に思った。

> この疑問は，対話の中でも考え続けられており，振り返りの感想につながっていく。

4 ▶ みんなで選んだ問い

うそをつくメリットって何だろう？

5 ▶ みんなで選んだ問いに対する自分の考え

周りから自分がよい目で見られること。
自分の体で体感できるよいことが増えること。
（相手を嫌な気持ちにさせないこと。）

> C9は生徒Aの発言である。対話を通して「うそをつくメリット」を考える中で，自分自身がそれを許せるかどうかという葛藤があることが分かる。

6 ▶ 自分の考えの広がりや深まり，感想

選択はどちらを取るか選ぶものであり，自分の気高さが試される一つなのかなと思った。また，人それぞれ選択するものが違うし，気高さを発揮する場面も違うのではないかと思う。だから，使い方が違うだけで，誰にでも気高さはあるし，これが個性であると考えた。

> C25の発表である。時と場合によっては自分が生き方を試されることにもなると思い至っている。様々な考えを聞きながら一人一人の考えが違うことに気付き，それを個性と捉え，相手を認める見方を示している。

7 ▶ 振り返り

①自分の考えを話したか　　　　　　Ⓐ　B　C
②友達の話をよく聞いたか　　　　　Ⓐ　B　C
③考えが広まったり深まったりしたか　Ⓐ　B　C
④安心して参加できたか　　　　　　Ⓐ　B　C
⑤楽しかったか　　　　　　　　　　Ⓐ　B　C

生徒Aについて

普段はほとんど発言のない生徒であるが，本時では発言をしている。ワークシートの記述からも，テーマ「よりよく生きる」について一人一人の生き方に関わることであると認識し，他の人の考えを認めながらも，気高く生きることを自分自身の問題として捉えている。思考の深さは，発言数で表すことができるものではないが，本時において発言したことは，生徒Aの考えの深さとの関係が大きいと捉える。

96

授業者の声

○教材文のアスリートの例は，間もなく東京オリンピック・パラリンピックが行われるということも
あり，時代に合った題材であるが，中学2年生にとっては，自分自身の生活とは，ややかけ離れた
問題でもある。しかし，「よりよく生きる」という道徳的価値をきっかけに問いを立て，対話を通
して「自分はどう生きるのか」を考えたことが大事だと考えている。

○これまでの教材文中心の授業では，登場人物の気持ちを考えることが中心であった。今回は，人間
の本心，生き方，葛藤という中学2年生にとって難しい題材であったが，p4cを入れたことで，予
想以上に楽しかったという感想が多かった。「うそをつくのはなぜか」「どうしたら自分に厳しく生
きられるか」という二つの問いが中学生なりに考えを深める機会になり，楽しかったという感想に
結び付いたと思う。

○普段，道徳を行うときは，すでに答えが決まっていて，最後は正解となる方向にもっていって終わ
るという授業であった。しかし，p4cを行うことで，教師の意見を超えたいろいろな観点から考え
ていることが分かり，むしろこちらが学ばされるということを感じている。教えるというより，一
人の人間としてその場にいて，一緒に考え，楽しいと思うのがp4cであった。

○道徳でp4cをすることで，生徒たちは，いろいろな考えを受け入れる経験をし，人を受け入れるこ
とを学んだように思う。日ごろ自分の考えを言葉にすることが少ない生徒が，教師の予想していな
い発言をするとき，周りの生徒への刺激になっていると同時に，その生徒が受け入れられている瞬
間であると感じる。

授業者の声を受けて

○**教材文を読んで**「弱い自分を乗り越え，気高く生きる」ことを「よりよく生きる」ことと理解し，
さらに「よりよく生きる」ことを中学生の自分の問題として捉え直した。

○**本時の対話で生徒が立て，選んだ問い**は「うそをつくメリットは何か」である。対話では「うそ」
にはいろいろな状況があり，その状況により違う結果と価値が生じることから，うそをつくことに
よる自分にとってのメリットとは何か，デメリットとは何かと問い直すことになった。

○**生徒が立てた問いの中から教師が選んだ掘り下げの問い**「うそをつくのは自分に甘いということ。
どうしたら，常に自分に厳しく生きられるのだろうか。」により，自分の中の弱い面や自分に甘い
面が浮き彫りになる一方で，見方は一つではないことを知ることにもなった。「うそはつかない方
がよい」という当然と思われることについて，自分の気持ちと向き合うことにより，答えが一つで
はないと確認したと言える。

○**終盤の掘り下げの問い**「強さや気高さはどんな時に必要か」によって，「生きていく日々，全般で
必要」「大事な選択をするときに必要」などのように，自分がこれから生きていくうえで必要なこ
とであるというところまで，考え至ったと評価できる。

　本実践では，1時間目の教材文が価値理解のきっかけとなった。事実を公表することのメリット・
デメリットを考える中で「よりよく生きることについて」他者理解とともに自己理解・人間理解が進
んだと考えられる。さらに一人一人が問いを立て，2時間目で対話をすることにより，自分と向き合
い，深く思考し，これからの自分の生き方につながる考えを言葉にすることができた。本実践は，主
体的・対話的で深い学びが成立した道徳の実践になったと評価できる。

（宮城教育大学　上廣倫理教育アカデミー　探究の対話マイスター　砂金 みどり）

授業について

p4cがこれからの道徳の授業を変える

宮城教育大学特任教授
堀越 清治

　今回の改訂から，中学校のDの視点に新しく加えられた「よりよく生きる喜び」という内容項目は，「人間には自らの弱さや醜さを克服する強さや気高く生きようとする心があることを理解し，人間として生きることに喜びを見いだすこと」をねらいとし，生徒が人間としてのよりよい生き方について考えを深めることを求めている。

　この実践は2時間扱いで，1時目に教材文を通して自分の弱さに打ち勝とうとする生き方について理解し，2時目には，探究の対話(p4c)を取り入れ，生徒が選んだ問いをもとに対話することで，自分自身がより良い生き方をするためにはどうしたらよいのかを考えるという，よく練られた授業構想である。

　授業を行った担任は，感想に，「これまでの教材文中心の授業では，登場人物の気持ちを考えることが中心であった。今回は，人間の本心，生き方，葛藤という中学2年生にとって難しい題材であったが，p4cを取り入れたことで，楽しかったという感想が予想以上に多かった。『うそをつくのはなぜか』『どうしたら自分に厳しく生きられるか』という二つの問いが中学生なりに考えを深める機会になり，楽しかったという感想に結び付いたと思う」と書いている。これまでの教師主体の筋書きから，生徒の問いを大切に，生徒の思考の流れに沿って授業を進めるという，「主体的・対話的で深い学び」への質的転換を図った授業である。

p4cが安全な場となっているからこそ

宮城教育大学准教授（臨床心理学）
久保 順也

　心理学者マズローの欲求5段階説では，人の最終的な欲求・動機は自己実現であるとされる。より下位の欲求・動機として，何かを成し遂げたいという達成動機や，他者から認められたいという承認欲求があるが，教材文中のエイミーのドーピングをしてでも優勝したいという気持ちがこれらにあたる。しかしエイミーは最終的に自らのドーピングを告白して優勝賞金や金メダルを返還する。達成動機や承認欲求を超えて，あえて自己実現を最優先事項として選択したのである。

　この「選択」が，本授業のもう一つのテーマであると思う。p4c終盤で，生徒らが「選択」という語を用いているのはそれに気付いているからではないか。選択は主体的に自ら決断する行為である。中学校2年生の目前に迫る進路決定もまた選択である。生徒が主体的に選択する力をこの時期に育ててあげたい。

　そもそもうそをつくことは悪いことだろうか？　あるいは「常に自分に厳しく生きる」ことが正しいのだろうか？こうした前提を疑うこともライテックのひとつ，A（Assumption）に含まれる。p4cで，C10「相手との信頼を崩さないようにするためのうそならば，ちゃんとしたコミュニケーションの一つ」，C12「人を傷つけないうそはいいと思う」，C16「常に厳しくとか，自分に厳しくしなくていいと思う」といった意見が出ているのは健全だと思う。p4cが安全な場となっているからこそ，こうした反対意見を提示できるのである。

実践事例9

中学校3年

感動，畏敬の念
「ハッチを開けて，知らない世界へ」

- この時期は，美的な情操が豊かになり，人間の力を超えたものに対して美しさや神秘さを感じ，その中で癒やされる自己に気付くようになる。

- 宇宙空間という音も空気もない「命のない世界」で，筆者が感じた「生命感」という感動に共感し，対話を通して，美しい地球や神秘的な生命という人間の力を超えたものに対する畏敬の念について考える機会としたい。

問い「なぜ地球は美しいのか」で対話する場面

授業コンセプト

内容項目

感動，畏敬の念　　　D-21

美しいものや気高いものに感動する心をもち，人間の力を超えたものに対する畏敬の念を深めること。

テーマ

神秘の世界へ

教材名

「ハッチを開けて，知らない世界へ」

東京書籍『新しい道徳』　3年　P.76〜80

テーマ設定の理由

人は未知なるものや異質なものとの出会い，非日常的な体験などに接した際に大きな感動を味わい，人生をより豊かなものにすることができる。さらに，人間の力を超えたものを素直に感じ取り，これに対する畏敬の念が芽生えてくる。

宇宙という果てしなく大きくて未知なるものの前に，人間は有限なものであるという作者の自覚を共有させ，自然と生命に対する感謝と尊敬の心を生み出していきたい。

事前学習

- 家庭学習等の時間を利用して教材文を事前に読むことにより，「問い」を考える時間を確保する。
- 各自が事前に問いを立てて，内容項目との関連から，教師が「問い」を3〜4選んでおく。
- 対話の時間を十分に確保することにより，自分の考えを深めたり広めたりさせる。

写真等資料の活用

- NASA，JAXAの画像データを提示する。
- 宇宙から地球へ，地球から宇宙への視点から資料を選ぶ。

資料や教材文を基に想像力を働かせ，対話を通して感動する心や畏敬の念について考える。

教材文と p4c

教材文を読む中から，問いは生まれてくる！

教科書 P.77　L7
「…宇宙という場所に行ってみたい。」

→

教科書 P.77　L14
「ここは命が存在しない場所だ。」

教科書 P.78　L7
命の気配がしない宇宙空間の中で…
「生きているよ。」

予想される問い
本当の生命感とは何か。

予想される問い
音がないとは，どういうことなのか。

教科書 P.78　L12
ぼくは間違いなく地球の一部だ。
命は地球で生まれ，地球にもどる―。

教科書 P.78　L15
地球が「生き物」であることや，同時に広大な宇宙の中の一つの「もの」であること。

教科書 P.79　L6
独り，地球はこうこうとかがやきながら，命を発している。

予想される問い
なぜ地球と自分を対等な一つの命と見たのか。

予想される問い
なぜ地球は美しいのか。

授業の流れ

【事前】教材文を読み，問いを立てる

1 写真資料の提示と紹介

2 事前（前日）
家庭学習等で教材文を読み，問いを立て，その理由をワークシートに記入する。

3 授業当日の朝
(1) ワークシートと問いを書いた用紙を回収する。
(2) 教師が，問いを3～4に絞る。

> ＊予想される生徒の問い＊
> 例 「もし，地球に生物がすめなくなったら？」
> 例 「宇宙から見た地球の存在とは？」
> 例 「なぜ地球は美しいのか？」

【本時】p4cで深く考える

ねらい
選んだ問いをもとに想像力を働かせ，対話を通して感動・畏敬の念についての考えを深める。

1 問いを選ぶ
○朝学習で，絞った問いの中から投票し，多数決で問いを選ぶ。

2 掲示資料を見る
○教室の前後に掲示してある資料を見て考えをまとめる。前方の黒板には「宇宙側から地球を眺めているような画像資料」後方の壁面には「地球側から宇宙を眺めているような画像資料」を掲示する。

3 自分の考えを書く
○選ばれた問いについてワークシートに自分の考えを書く。

4 対話を始める

○p4cのルールを確認する。

○今日の問いを立てた人から，この問いにした理由と自分の考えを話す。

○話をしたい人，話を聞いてみたい人にコミュニティボールを回して対話を進める。

掘り下げの問い

○生徒から出てくることが望ましい。多くの意見が出そろった様子や，意見が偏ってきた様子が見られたとき，教師が掘り下げの問いを出すこともある。

┌─ ＊予想される掘り下げの問い＊ ─────────────

（選ばれなかった問いが，活用できる場合がある。）

例 「もし，地球に生物がすめなくなったら？」　　例 「なぜ地球は美しいのか？」

例 「宇宙から見た地球の存在とは？」

～対話にあたって～

☆掲示資料を見て，視覚的位置（前面「宇宙側→地球」後面「地球側→宇宙」）の確認をし，宇宙空間を想像できるようにする。

WRAITEC（ライテック）の活用 ⇒ 「例えば」「反対の例は」

☆宇宙空間という誰もが経験していない場面を想像することにより，思いがけない意見が出る可能性がある。なぜそう考えたのかについて聞くなどしながら，そのような意見を大切に扱うことも必要である。

5 本時を振り返る

○教科書を黙読する。

○今日の対話から分かったことや，考えが深まったり広がったりしたこと，新しく発見したことなどをワークシートにまとめる。分からなくなったことや○○さんの意見で自分の考えが変わったことなどもあれば書く。

○振り返りの発表をする。（選ばれた問いを出した生徒にも発表してもらう。）

○今日の「探究の対話（p4c）」について振り返る。

○事後（家庭学習等），教材文をもう一度読むように指示する。

○3年理科の単元4「地球と宇宙」の学習があることを予告する。

評価の視点

○選ばれた問いについて対話をし，感動・畏敬の念について自分の考えを深めたり広めたりすることができる。

授業記録

Ⅰ 選ばれた問い

なぜ地球は美しいのか。

●●●●●●●●● ● 問いを立てた理由と考え ● ●●●●●●●●●●

　本当に美しいか気になったから。自分の考えは星を見てきれいだなと思ったけど，実際見てみないと分からない。しかし野口さんは，広い宇宙に浮かんでいる地球を，一つの生命体，生き物としてみて美しいと思ったのだろう。

C1　宇宙飛行士たちが行って，水の惑星で青く目立つ色鮮やかっていう意味で美しいのかもしれない。いろいろな物質があって，オーロラとかの現象とか自然現象があり，外から見ても中から見ても，きれいに見えていると思う。

C2　地球が美しいっていうのは，心に関わっていると思う。先祖代々，受け継がれてきた思いが，今でも鮮明に表れて，地球の美しさを引き出しているのではないかと考える。

C3　地球は宇宙の中でも少し目を引く惑星であって，美しいと思う。もし宇宙人がいて地球を見たら，私たちとはちょっと違って，人間よりも美しさは感じないのかな。

C4　地球は一つの生命体だとして考える。生命体が美しいだけじゃなくて，その生命体に生まれ育った所だから，美しい。

C5　地球は，地球だけの力では，ここまで美しくなれなかった。地球という環境変化に対応しながら，今まで頑張って生活してきたからだ。このまま地球を維持するために，私たちも未来を考えて，地球に対する考え方を改める必要がある。

C6　地球は命があって，そこで新しい命を作っていくからこそ美しい。他の星とかには，命とか生命とかがなくて，新しいものを作れない状態になっていて，そこが地球と他の星との美しさの違いだと思う。

Ⅱ 掘り下げの問い(1)

みんな美しいと言っていますが，美しさとは何でしょう。色の美しさもありますが，野口さんが話している美しさとは，どんなものの美しさなのでしょうか。

C7　色だけじゃなくて，生物が生きてる生命力が，美しいと言っている。

C8　美しさっていうのは，人の心から生まれるのだと思う。人がきれいにするというのを心がけることで，宇宙から見ても地球から見ても，美しいと感じることができるのではないか。

C9　美しさは，奇跡の塊だと思う。感じ方は人それぞれだけど，何かがなければ美しいとは感じないし，地球が美しいのは，もっと根本的なことから言ったら，この宇宙が存在したからだと思う。

104

Ⅲ 掘り下げの問い（2）

みなさんはいつも，地球から宇宙を見ていますが，宇宙から見た地球の存在って，どうなのだろうか。

C10 地球は小さい惑星だけど，その中に生物がいて，星と一緒に生きているので，それが生命力だが，宇宙は周りに何もない暗闇なので，その中で，小さい惑星でも一生懸命生きているっていうことは，美しいと思う。

C11 地球以外の星には何もないよね。水とか。地球は，このように小さいのに，恵まれた海や大地などの自然がある。宇宙から見て，とても恵まれている特別な存在かなと僕は思う。

C12 僕はさっき，地球はみんな家族みたいな話をしたが，地球は宇宙の星の家族だと思う。そして，太陽がなかったら今の光もない。地球は他の星と比べると暖かいし，太陽があるから地球があって，自分たちがあって，頑張ったから，今，こうなって，宇宙から見ても，美しく見えると思った。

C13 宇宙は，空気もなくて，音も聞こえない，無の空間だと思う。地球もその一部だが，そこにはちゃんと空気もあって，太陽から光も届いていて，重力もあって，この状態が保たれている。少しでもずれていたら，今の環境はなかったと思う。

T 教科書を開いてください。野口さんの文章があります。もう一度黙読をして，そのあとに，みなさんと対話したことを思い出しながら，ワークシートに今の考えや感想を書いてください。（黙読開始）

Ⅳ 振り返りをする⇒発表

C14 今回のp4cで，美しいと思う理由は人それぞれなんだと思った。真っ暗な宇宙に浮かぶ地球が，色鮮やかで美しいと感じる人もいれば，たくさんの惑星がある中で生命がこれだけ宿っているのも地球だけで，そこに美しさを感じる人もいる。美しさへの考え方は人それぞれだが，地球は美しい。

C15 p4cをする前までは，宇宙から見て地球は，他の惑星に比べてただ暗い中で色がきれいな惑星だということから美しいと思っていた。しかし他の人の意見を聞いてみると，ここには生き物がいて，生命力で輝いて見えるということや，地球は私たちの帰る場所で，その戻れる場所っていうことから美しいと感じるっていう考えもあるのかなと思った。そして，なぜ美しく見えるか，美しいとは何かということを深く考えられたので，よかった。

C16 みんなの考えを聞くたびに自分の思いが変わっていった。地球はなぜ美しいのか，自分の中では地球は一つの生き物として見ているからだと思った。私の中ではこの考えになったけれども，もっともっとみんなの意見を聞いてみたいと思った。

T 道徳には，内容項目というのがあります。今日の学習は，一つは「感動」で，あと一つは「畏敬の念」という部分です。この「畏敬の念」という言葉を覚えてください。この言葉を辞書で引いて，今日やった内容を振り返ってもらいたいと思います。

ワークシートからの見取り

<p4c ワークシート> 　　　　　　　　　　　　　生徒　A

1 ▶ 自分が立てた問い（家庭学習で）

　私たちの住む「美しい」地球を，これからも維持し，より
よいものにするためにはどうするか？

> 地球に住むものとして「地球は美しい」という前提で思考しており，この美しい地球の未来を考えたいという問いを立てた。

2 ▶ 問いを立てた理由（家庭学習で）

　この話を読んで，今私たちの住む「美しい」地球は，これ
からどんな姿になるか気になったから。

3 ▶ みんなで選んだ問い

　なぜ地球は美しいのか？

4 ▶ みんなで選んだ問いに対する自分の考え

　私たちの先祖の人たちが環境の変化に対応しながらつくり
あげてきたもの。私たちも未来のために地球をつくりあげて
いかないといけない。

> 宇宙から見た地球の美しさではなく，上記1・2の思考を踏まえて，現在の美しい地球をどのように維持していったらよいか，という視点で考えている。

5 ▶ 自分の考えの広がりや深まり，感想

　話を聞いていると，自分と同じような考えをもった人がい
れば，別の視点で問いを考えている人もいた。私は「地球は
美しい」という固定観念をもって過ごしてきた。宇宙から地
球を見た人の話やみんなとの対話を聞いていると，いろいろ
な考えが聞けて，自分の考えがすごく深まった。今回の問いは，
答えのない問いだった。私は自分で「これだ！」という答え
を見つけることができなかったけど，だからこそ，もっとみ
んなで意見を出し合って問いを追究してみたくなった。

> 対話により，新しい視点での発見や発想に触れ，自分の固定概念を打ち破る思考に変わったと思われる。さらに追究したいという意欲が高まった。

6 ▶ 振り返り

①自分の考えを話したか　　　　　　　A　Ⓑ　C
②友達の話をよく聞いたか　　　　　　Ⓐ　B　C
③考えが広まったり深まったりしたか　Ⓐ　B　C
④安心して参加できたか　　　　　　　Ⓐ　B　C
⑤楽しかったか　　　　　　　　　　　Ⓐ　B　C

生徒Aについて

　日ごろから，地球環境の維持についての意識が高い生徒である。「自分の考えを話したか」の
評価はBであるが，これは「もっとみんなで意見を出し合って問いを追究してみたくなった。」と
いう感想の裏返しであろう。対話によって，自分が固定概念をもって過ごしてきたことに気付
き，探究する意味や楽しさを理解したと言える。

106

授業者の声

○教材文を読んで感動・畏敬の念を捉えさせるのに適した教材だと感じた。中学校3年生という時期でもあり，十分にねらいを達成させることができたと考える。

○教室の空間を野口さんがいる空間と仮定し，黒板側に「宇宙側から見た地球」の写真，反対の後ろ側に「地球側から見た宇宙」の写真を掲示した。これらの資料を提示することで思考がより深まったと考える。

○本時の対話で生徒が立て，選んだ問いは「なぜ地球は美しいのか？」である。この問いが選ばれた時点で，宇宙空間にある地球の存在を意識することになった。この問いから思考が広がったが，選ばれなかった問いの中にも良いものがあったので，掘り下げの問いにも活用することができた。さらに，教師が考えた掘り下げの問い（1）「美しさとは何でしょう？」により，「美しさ」という言葉の意味における多面性に生徒たちが気付き，対話が深まったと思われる。そして，教師が選んだ終盤の掘り下げの問い（2）「宇宙から見た地球の存在って，どうなんだろう？」により，地球は宇宙における特別な存在であるという認識や生命の存在に対する美しさという観点が出た。

○振り返りの発表で，「みんなの考えを聞くたびに，自分の思いが変わっていきました。」という問いの提案者からのコメントがあった。これは，探究していくうえで大変重要なことで，このような思考の葛藤が，道徳の授業では大切であると考える。

授業者の声を受けて

○**宇宙に関する教材文**は，「はやぶさ2号」等のニュースもあり，時代に合った題材である。中学3年生は理科の天文教材があり，理科と道徳科の関連による興味・関心の相乗効果も起こるであろうと思われる。

○**事前**に家庭学習で教材文「ハッチを開けて，知らない世界へ」を読ませ，問いを立てる時間を十分に確保することができた。その結果，本時における対話では，二つの掘り下げの問い「美しいと言っていますが，美しさとは何でしょう。色の美しさもありますが，野口さんが話している美しさとは，どんなものの美しさなのでしょうか。」「いつも地球から宇宙を見ていますが，宇宙からみた地球の存在って，どうなのだろうか。」の提示が可能となった。

○**掘り下げの問い**により，生徒は「地球は美しい」ということの捉えに対して多面的・多角的に考えることができた。発言そのものに「畏敬」という言葉の表現は見られなかったが，地球への新たな思いが生じたと理解できる。

○生徒は，「地球の環境は人間の力で守っていかなければならない」という意識はもっている。しかし，「宇宙の中にある地球」という視点をもったことで，「地球は生命が輝く場所であり，私たちの帰る場所であるから美しいのだ」という感動の心が芽生えた。最後に授業者が「畏敬の念」について言及したことにより，他の教科との関連の中で思考が継続していくものと期待できる。

内容項目「感動・畏敬の念」は，これまでの実生活の中で経験しているはずだが，それを自覚することは少なかったであろう。他教科（理科）との関連で構成した本実践では，主体的・対話的で深く思考することにより「感動・畏敬の念」について共有することができたと言える。

（宮城教育大学　上廣倫理教育アカデミー　特任准教授　髙橋 隆子）

授業について

対話を通して問い続ける姿

仙台市立新田小学校校長　仙台市小学校教育研究会道徳部会長
須藤 洋

　導入で『選ばれた問い』の「なぜ地球は美しいのか」で，一人一人が考える「美しさ」の理由を十分引き出していた。その後の『掘り下げの問い』（1）で，「野口さんが話している美しさはどんな美しさか」と問うことで，野口さんの視点で美しさを考え，その考えを交流することで，導入で考えた美しさをさらに多面的に考えることができていた。
　掲示資料を用いて視覚的位置の確認をした後の『掘り下げの問い』（2）で，「宇宙から見た地球の存在」を考えさせたことで，さらに美しさを多角的に考えさせることに成功していた。生徒の振り返りの文章，「美しさへの考え方は人それぞれ」「他の人の意見を聞いて深く考えられて良かった」「みんなの考えを聞くたびに，自分の思いが変わっていった」等からも生徒が主体的に自分ごととして深く考える様子がうかがえる素晴らしい実践であった。抽出した生徒のワークシートからも，今回の授業によって自分の固定観念を吟味し，他の生徒の考えを聞くことを通して自己の考えを深めていったことがよく分かった。この生徒は，自分で納得できる考えに到達することはできなかったが，仲間と話し合うことで，次回の道徳の授業でも別の道徳的価値について追究してみたいという意欲が大いに高まっていたことが見て取れた。『みんなで選んだ問い』『問い返しの問い』がしっかりと練られており，効果的で素晴らしかったことが生徒の多面的・多角的な学びを成立させた一番の要因であると思った。

問う力を育むために

新潟大学准教授（合意形成・対話教育）
豊田 光世

　異なる見方を知ることで，自分の考えが変化していくことを生徒たちが実感しているのを，振り返りから読み取ることができる。
　C16で「もっともっとみんなの意見を聞いてみたい」とあるように，対話に対するモチベーションが高まっている様子が見受けられる。対話は「聞く」ことから「語り」が生まれるコミュニケーションである。聞きたいという思いが，伝えたいという思いにもつながり，対話が展開していく。
　振り返りでは「美しい」の理解についての言及が多く見られた。「美しさとは？」という問いをきっかけに考えが深まったようである。こうした問いが生徒たちから出てくるように，教師はどのような働きかけをすべきかを考えてみて欲しい。
　一つの方法は，問いを選んだあと，問いに対する自分の考えを書くだけではなく，選ばれた問いからいくつもの別の問いを生み出してみるよう促すことである。「なぜ地球は美しいのか」という問いからは，「美しさとは何か」のほか，「そもそも地球は美しいのか」「地球を美しくないと思う人もいるか」など，さまざまな問いが生まれる。問う力を意識的に高めることで，生徒たちは自然と深い思考へと導かれていくだろう。

「特別の教科　道徳（道徳科）」の評価について

宮城教育大学　上廣倫理教育アカデミー

　道徳科における評価は，道徳性を養うためのものです。教科ではどこまで達成したかで評価しますが，道徳科に評価規準はありません。つまり，ねらいをゴールとした評価は行わず，一人一人の良さを認め，励ます評価にします。

　教師の意図を大事にしながらも，授業中の学習状況や成長の様子を評価することが基本です。評価の視点は，道徳的価値について多面的・多角的に考えていたか，自分で深めていたかなどです。

　下記に評価のポイントをまとめました。また，次ページに，小学校版と中学校版の評価記録シート（例）を載せましたので，参考にしてください。

ポイント1　（道徳科の評価）
- ◆児童・生徒を認め励ますもの
- ◆指導の改善につながるもの
  - ・指導とねらいの関わりにおいて学習状況を把握すること
  - ・道徳性に係る成長の様子を把握すること

ポイント2　（評価の在り方）
- ◆数値ではなく記述式（大くくりなまとまりを踏まえて）にすること
- ◆個人内評価（いかに成長したかを受け止め，励ます形）にすること
- ◆多面的・多角的な見方へと発展しているか，道徳の価値を自分との関わりで深めているかといった点を重視すること
- ◆発達に係る児童・生徒が抱える困難さを踏まえた配慮が必要であること

ポイント3　（評価の具体）
- ◆児童・生徒のワークシート，道徳ノートから（自己評価の蓄積）
- ◆毎時間，数人を観察対象とした記録から（学習内容の蓄積）
- ◆授業の映像や板書の写真，音声記録から（資料の蓄積）
- ◆内容や時間のまとまりから（例：学期末等で心に残った題材についての振り返り）

評価記録シートの活用について

① エクセル等で評価シートを作成し，1単位時間1シートで見取ることができるように工夫する。（学期ごとの全集計シートも作成しておく。）

② 授業で発言した児童・生徒の中で，特に記憶に残っている内容を評価記録シートにメモの形で入力（または記述）する。

③ 回収したワークシートや道徳ノートを点検し，特筆する内容をピックアップして，なるべく短く切り取り，評価記録シートに入力（または記述）する。

④ 学期ごとに，児童・生徒それぞれの特長を確認し，通信表などの文言の整理に活用する。

小学5年　評価記録シート（例）

学習日時	題材名
9月10日	ペンギンは水の中を飛ぶ鳥だ

_____ 1 _____ 組

		内容項目		1番 A児 記載事項	2番 B児 記載事項	3番 C児 記載事項	4番 D児 記載事項
1	A	善悪の判断, 自律, 自由と責任	自由を大切にし，自律的に判断し，責任ある行動をすること。				
2		正直，誠実	誠実に明るい心で生活すること。				
3		節度，節制	安全に気を付けることや，生活習慣の大切さについて理解し，自分の生活を見直し，節度を守り節制に心掛けること。				
4		個性の伸長	自分の特徴を知って，短所を改め長所を伸ばすこと。				
5		希望と勇気, 努力と強い意志	より高い目標を立て，希望と勇気をもち，困難があってもくじけずに努力して物事をやり抜くこと。				
6		真理の探究	真理を大切にし，物事を探究しようとする心をもつこと。	テーマについて，自分の生活の中から振り返ることができた。	「真理の探究」について生きることと関連付けて考えていた。	友達の多様な考えを基に，探究することの難しさについて気づいている。	主人公が取った行動の理由について理解することができた。
7	B	親切，思いやり	誰に対しても思いやりの心をもち，相手の立場に立って親切にすること。				
8		感謝	日々の生活が家庭や過去からの多くの人々の支え合いや助け合いで成り立っていることに感謝し，それに応えること。				
9		礼儀	時と場をわきまえて，礼儀正しく真心をもって接すること。				
10		友情，信頼	友達と互いに信頼し，学び合って友情を深め，異性についても理解しながら，人間関係を築いていくこと。				
11		相互理解，寛容	自分の考えや意見を相手に伝えるとともに，謙虚な心をもち，広い心で自分と異なる意見や立場を尊重すること。				
12	C	規則の尊重	法やきまりの意義を理解した上で進んでそれらを守り，自他の権利を大切にし，義務を果たすこと。				

※ 実践事例5（P.57）を参照してください。
　　1　内容項目：真理の探究　A－6
　　　　　　　　（真理を大切にし，物事を探究しようとする心をもつこと）
　　2　テーマ　：真理を求めて（主題名　探究する心）
　　3　教材名　：「ペンギンは水の中を飛ぶ鳥だ」　東京書籍　小学5年

中学1年　評価記録シート（例）

学習日時	題材名
5月17日	選手に選ばれて

		1番	2番	3番	4番
1 組		A児	B児	C児	D児

		内容項目	記載事項	記載事項	記載事項	記載事項
1	A	自主自律，自由と責任	自律の精神を重んじ，自主的に考え，判断し，誠実に実行してその結果に責任をもつこと。			
2		節度，節制	望ましい生活習慣を身に付け，心身の健康の増進を図り，節度を守り節制に心掛け，安全で調和のある生活をすること。			
3		向上心，個性の伸長	自己を見つめ，自己の向上を図るとともに，個性を伸ばして充実した生き方を追求すること。			
4		希望と勇気，克己と強い意志	より高い目標を設定し，その達成を目指し，希望と勇気をもち，困難や失敗を乗り越えて着実にやり遂げること。			
5		真理の探究，創造	真実を大切にし，真理を探究して新しいものを生み出そうと努めること。			
6	B	思いやり，感謝	思いやりの心をもって人と接するとともに，家族などの支えや多くの人々の善意により日々の生活や現在の自分があることに感謝し，進んでそれに応え，人間愛の精神を深めること。			
7		礼儀	礼儀の意義を理解し，時と場に応じた適切な言動をとること。			
8		友情，信頼	友情の尊さを理解して心から信頼できる友達をもち，互いに励まし合い，高め合うとともに，異性についての理解を深め，悩みや葛藤も経験しながら人間関係を深めていくこと。			
9		相互理解，寛容	自分の考えや意見を相手に伝えるとともに，それぞれの個性や立場を尊重し，いろいろなものの見方や考え方があることを理解し，寛容の心をもって謙虚に他に学び，自らを高めていくこと。			
10	C	遵法精神，公徳心	法やきまりの意義を理解し，それを進んで守るとともに，そのよりよい在り方について考え，自他の権利を大切にし，義務を果たして，規律ある安定した社会の実現に努めること。	振り返りでは「皆の意見を聞いてもやもやした。」と記述。大いに悩んだ様子が見られた。	「権利を主張する時には，相手の気持ちを考えることも大切。」と発言した。	心情円で気持ちの変化を表し，最後は義務を果たすことも必要と考えた。	立てた問いが選ばれた。自分の考えは変わらなかったと，自己理解を深めた。
11		公正，公平，社会正義	正義と公正さを重んじ，誰に対しても公平に接し，差別や偏見のない社会の実現に努めること。			
12		社会参画，公共の精神	社会参画の意識と社会連帯の自覚を高め，公共の精神をもってよりよい社会の実現に努めること。			

※　実践事例7（P.79）を参照してください。

　　1　内容項目：遵法精神，公徳心　C−10

　　　　　　　　（法やきまりの意義を理解し，それを進んで守るとともに，そのよりよい在り方について考え，自他の権利を大切にし，義務を果たして，規律ある安定した社会の実現に努めること。）

　　2　テーマ　：権利と義務を考えて

　　3　教材名　：「選手に選ばれて」　東京書籍　中学1年

（髙橋　隆子）

探究の対話（p4c）を進めるために

ファシリテーター養成研修

宮城教育大学　上廣倫理教育アカデミー

　宮城教育大学の学生，および県内の高校生を対象として，ファシリテーター養成のための「p4cキャンプ for philosurfur みやぎ」（花山青少年自然の家 1泊2日）を開催した。将来教員を目指す大学生と，これまでに探究の対話（p4c）を経験した高校生が，二つの研修と探究の対話（p4c）を通して，その良さを実感し，探究の対話（p4c）の可能性を考える機会となった。

＜研修1　探究の対話（p4c）とは何か＞（資料より抜粋）

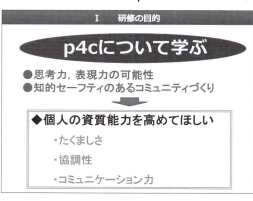

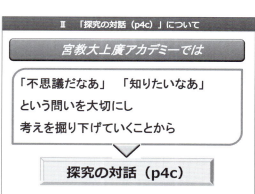

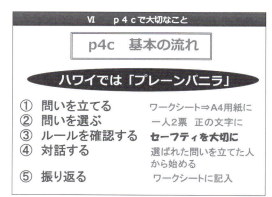

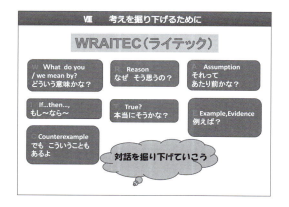

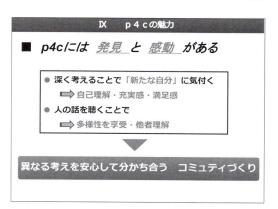

＜研修2　セーフティとは何か＞

探究の対話（p4c）で特に大切にしているのは，「セーフティ」である。

グループ（5人ずつ3グループ）ごとに，自分たちの考えるセーフティについて思い浮かんだ言葉をカードに書き，分類した。

Aチームの分類　　周囲・解放・行為

Bチームの分類　　フィーリング・あると安心シリーズ（環境）・悲しみのとき・
　　　　　　　　　　Just a moment・When I was young

Cチームの分類とイメージ

【聞く人の態度】
- 笑うところで笑ってもらえる
- 鼻で笑わない
- うなずく
- 優しい表情
- 目を見て話を聞いてもらえる
- 肯定する姿勢
- 人によって態度を変えない
- いやな顔をされない安心

【圧力】
- 圧力がない
- 間違いや誤答がない
- 忖度しない
- 男女の壁がない
- 成績に響かない
- 優劣がない

【話す環境】
- 1対1のやり取りはダメ
- 仲の良い人だけでまとまらない
- 他人から意見を押し付けられない
- 意見を認めてから反対意見を言う
- 「それは違う」というのはセーフティがない
- みんなに同じように話す場がある

【ルール】
- ボールを強く投げない
- 名前で呼び合う

【その他】
- 挙手に気付いてほしい
- 自分の意見を大きな声で言えるのは安心しているから

＊「安心・安全」から想像する言葉は予想以上に多く，言葉にすることで，探究の対話（p4c）におけるセーフティをどのようにして作り出していくか，イメージをつかむことができたと言える。つまり，分類することで，セーフティを作り出すポイントが見えてきたのである。今回の参加者は，これからの生活の中でも，セーフティという視点で，ものを見たり考えたりすることができるのではないかという期待がもてる研修となった。

（砂金　みどり）

p4c を体験した生徒・学生の声

● 対話を進めていく中で，議論が深まっていく感覚を味わい，p4c の魅力も感じることができた。p4c という形式の対話は，あまり聞いたことがなく，まだ現場に浸透していないと思う。しかし，是非，教育現場に取り入れるべきだと思った。私は中学校の理科の教員を目指しているが，授業や総合的な学習の時間にこの手法を取り入れる方法はないかを考えたい。また，先生として指導をするときも，セーフティに気を付けることがとても大切だと思った。今回はとても有意義な活動がたくさんできた。（大学 1 年）

● 最初は p4c について，なぜか分からないけど，いつも授業で行う話し合いよりも心地が良く，自分の意見が言いやすいなと思っていた。今回，対話を 3 回行うことで気が付いたのは，自分の意見を聞いてもらえる，自分の意見を変える必要がないという自分を尊重してもらえることの心地良さだった。これからいろいろな人たちと関わることが増えていくが，そのときに，相手を尊重するということを大切にしたいと思った。いつか自分が率先して物事を進めるときに役立つと思う。また，他人との対話を通して，今まで意識したことがなかったけれど，自分の中にあった考え，自分のことに気付けたのがとてもおもしろかった。深く考えることは，自己理解につながるのだと知った。（大学 1 年）

● p4c は相手の考えを尊重するだけでなく，自分の考えも大切にできるようになると感じた。自分の考えや意見に自信がない人も，p4c を通して，それぞれに様々な考えがあること，周囲と異なる考えをもっていても，自信をもっていいということが感じられるのではないかと思った。日常生活の中でも，人の話を聞くときに知的セーフティを意識し，相手の意見を尊重することができると思う。（大学 2 年）

● 今回のキャンプは，前回のような小学生の子たちとやるのではなく，大学生の方たちと高校生の人だけで行ったので，より有意義な活動になった。p4c の話し合いの中で，本題から発展して「これは何だろう，どうだろう？」といった疑問が浮かび，それについても考えていくといったことが数多く起きた。今回の p4c では，自分の物事への考えに対する自己理解や，もう一度深く考え直すことがたくさんできて，とても良かった。（高校 1 年）

● 自分と他の人との違いを知ると，だんだんと自分の中の自分の姿が浮き彫りになってくる。自分を知ることで，周りには自分はどう見えるか，ということを知ることができた。話したテーマは「将来」「趣味」「花山」など様々だったが，それらはテーマでしかなくて，そのテーマ以上に考えを広げ，深めることができた。自分の今後の生活では，考えを深めるという p4c での経験は必ず生きてくると思う。（高校 1 年）

● 他の人の意見をよく聞くことができ，自分の考えの広がりや深まりを実感した。今回のキャンプでせっかくフィロソーファー研修を行ったので，今後は，この研修で学んだことを実践する場がほしく，自分の力を試してみたいと思っている。（高校 1 年）

● p4c はすばらしいものだと思っている。一番の理由は，AI では補うことのできない人間力が磨かれるというところにあると思う。今はもう勤勉に単純作業を行える人材は必要とされない時代になりつつあると思うが，p4c で得られる発言力，思考力，質問力は，需要が高まっているように感じる。（高校 1 年）

● p4c は人とのコミュニケーションをする力を高めることや，今まで関わりの少ない人とのきずなを深める貴重な活動だと思う。（高校 2 年）

p4c に寄せる保護者の声

- 円座になり，毛糸のボールを使った対話のおかげか，子どもたちの友達の意見を聞く姿勢がしっかりできていて感心しました。友達への問い返しなどを通して相互理解を深め，今まで分からなかった友達の一面を感じてよりよい関係を築けるのではないでしょうか。とても良い授業です。また回数を重ねた p4c を是非見たいと思います。（小4保護者：N小学校）

- 話し合いというと，強い意見が通り，弱い子は発言できないというイメージがありますが，p4c は強い人だけに光が当たるのではなく，弱い気持ちの子や普段発言できないような子も発言する機会が与えられていいですね。また，自分の考えが明確でなくても，友達の考えを聞くことで，自然に自分の考えを構築していくことができるという良さがあると思います。何も考えていない子はボールが回ってきたときに困るかもしれないけれど，考えるチャンスになると思います。考えがなくても考え始めるようになりますね。我が子を見ていて，他の人の考えを尊重できるようになったと思いますし，自分と違っても受け入れられるようになったと感じています。（小6保護者：H小学校）

- 子どもたちが授業で環境問題を学び，自分たちで考えた結果，「夢」というテーマで問いを立て，しっかり意見を述べていたことがすばらしかったです。人の意見を聞くことで，学ぶこともたくさんあると思います。子どもたちが成長していると感じます。（小5保護者：S小学校）

- 「なぜ，自分を好きになれないのか。」「自分を好きになるためには，どうしたらよいか。」という大人でも普段考えもしない問いで非常に難しいと思いましたが，子どもたちは積極的に意見や考えを発表し，すばらしいと思いました。このような取組が子どもたちの心の成長に深く関わっていくと思いますので，今後も続けてください。（小2保護者：N小学校）

- 子どもの様子を見ていると変わってきたと感じます。いろいろ悩み始めたころ，自分の発言を気にし始めたころ，p4c に出会いました。普段話さない子の意見を聞き，自分の考えをもつことの大切さに気付いたようです。先生に相談するきっかけもできました。小学校3年生の下の子からも疑問がよく出てきます。「なぜ，いただきますを言うのか。」と。大人では疑問にならないことも出てくることがあります。それで，家庭での会話が多くなりました。p4c を知らない人に伝えたいことは，「新たな自分の発見につながること」と「子どもの心が成長すること」です。
（中3保護者：S中学校）

第5回 p4c 国際交流セミナー 保護者を交えたディスカッションの様子

Q & A

宮城教育大学　上廣倫理教育アカデミー

Q1 「探究の対話(p4c)」の始め方について教えてください。円座の形態やコミュニティボールの扱いは，全学年共通でしょうか。

A1 円形になること，コミュニティボールを使うことは「探究の対話(p4c)」を行う際の基本です。この二つが知的な安心感（セーフティ）を生み出す要素として大きな働きをするからです。

円形になるのは，互いの表情を見てリラックスしながら，それぞれの考えを聞き合うコミュニティを大切にしようとする心情を養うためです。ただし，椅子に座る，床に座る，机を用いることは自由です。人数，教室の広さなどの条件を考慮し，ファシリテーターの判断で変えています。また，p4cを始める前に，コミュニティボール(CB)を学級のメンバー全員で作りますが，子どもたちは，皆の心を集めた成果物としてCBに愛着をもつようです。CBは，子どもの発言を保障し，コミュニティの一員としての意識を高める大事なツールと言えます。

Q2 子どもたちが立てる「問い」が魅力的です。具体的にどのようなやり方で立てさせているのでしょうか。

A2 まず，実践事例8　中学2年の教材「本当の私」についてです。この単元の内容項目は「よりよく生きる喜び」，テーマは「人間の強さ・気高さ」で，2時間扱いとしています。1時間目は教材文から，弱さや醜さを克服して，人として誇りをもって気高く生きるとはどういうことかを考えさせた後に，「『よりよく生きること』について，皆で考えてみたいことを『問い』として立ててみましょう。」と投げかけ，ワークシートやノートを渡します。教師は，ワークシート（またはノート）を回収し，ねらいに沿った視点で四つほどに絞り，多数決（一人2票）などで，本時の「問い」を決定します。「問い」が決まったら，自分の考えをワークシートに書かせます。教師は2時間目の対話に向けて，事前に子どもたちの考えに目を通し，内容を把握しておきます。教師の意図を明確にもちましょう。

道徳的価値につながる「問い」を立てさせるためには，経験を重ねることがとても大切です。例えば，実践事例1（小学1年）では，テーマ「正直な心」についての問題意識をもたせるために，事前に「問い」を立てさせています。また，実践事例2（小学2年）では，内容項目が子どもたちにとって捉えにくい「愛国心」であったことから，テーマ「わたしたちの町，わたしたちのくに」について2週間という期間をとり「問い」を集めています。このように，低学年の時から「問い」を立てる練習を積み重ねていくうちに，「生きる」ことと関わる「問い」を立てることができるようになります。学びの主体である子どもが，学びたいという意欲をもてるような学習の場づくりに取り組みましょう。

Q3

「考え，議論する道徳」に「探究の対話(p4c)」の手法を活用する場合，年間指導計画における配置はどうすればよいでしょうか。

A3

学習指導要領が求める「考え，議論する道徳」は，固定化された方法や型で行うものではなく，発達の段階や道徳の特性を生かした柔軟な学習プロセス及び指導方法の工夫・改善を重視することによって実現されていくと考えます。教師が内容項目を指導するような一方向からの授業展開から脱却し，できるだけ質の高い多様な指導方法に改めていきたいものです。

「探究の対話(p4c)」は指導方法の一つですから，年間指導計画の配置に大きな影響を与えるものではないと言えます。ただし，本時の前に事前学習を取り入れる，2時間扱いにするなど，総合的な単元構想を考えることで，指導方法の可能性が広がります。年間35時間の指導計画全てで「探究の対話(p4c)」に取り組む必要はありませんが，道徳科の授業改善に向けて，子どもが自ら問いを出し，子ども同士で対話をしながら，探究する学びのプロセスを大切にしたいものです。答えが一つではない，悩みがある「問い」を積極的に取り上げ，「多面的・多角的に考える力」「問題解決力」を育みながら，子どもたちに「探究する楽しさ」を味わわせましょう。

Q4

授業のまとめをワークシートやノートに書かせるときに，あまり書けない子はいませんか。もし，そういう子どもがいたら，どんな手立てをとりますか。

A4

授業の振り返りでは，「今日の対話で印象的だった意見や，〇〇さんの意見で自分の考えが変わったということがあったら，書きましょう。」と伝えます。書く分量が問題ではないことは言うまでもありませんが，書く段階（振り返り）も思考の場と考えます。「書く」ことを大事にするのは，対話を振り返りながら自分の考えを整理したり，読んだ資料を基に，更に一歩考えを深めたりできる機会にするためです。教師も対話の様子を振り返り，必要があるときは「自分の意見が初めと比べてどうなったか書いてみましょう。」「誰の考えが心に残ったか，その理由も書きましょう。」などと支援します。

Q5

「探究の対話(p4c)」の導入により，豊かなコミュニケーションをとることを可能にしていますが，手順や段階でどのような工夫がありますか。

A5

「探究の対話(p4c)」で一番大切なことは，セーフティです。セーフティがあることで深い対話を実現することができます。初めて「探究の対話(p4c)」に出会うとき，「聞くこと」の大切さを伝えます。そして，ルールを守り，決して友達の発言をからかったりちゃかしたりしない，態度にも表さないことを確認します。「皆が聞いてくれる」ことが分かると，安心して自分の考えを話せるようになります。

117

Q6 「振り返り」は，評価にどのように生かすのですか。また，何について評価するのですか。

A6 終盤に「振り返り」を書かせる段階も思考の場です。自分の生活を振り返り考えを整理させたり，更に自分の考えを深めさせたりしながら，自己内対話をして書かせることが大切です。

「探究の対話(p4c)」については，①自分の考えを話したか　②友達の考えをよく聞いたか　③新しい気付きや発見があったか　④考えの広がりや深まりはあったか　⑤安心して参加できたか　⑥友達の考えに反応したか　などの視点でワークシートに自己評価させ，全体では挙手によって確認します。ただし，本時のみで評価するのではなく，ワークシートをファイルに保存し，ポートフォリオ的に評価するのが良いでしょう。小学校では，卒業時に6年間を振り返ることができるように，1年から6年まで同じ一冊のファイルを使用すると効果的です。

学びの様子の記述を蓄積することで，教師が価値の理解度を評価できるだけでなく，子ども一人一人が自身の伸びや成長を実感することができます。

Q7 円座になって話す子どもたちの表情がとても生き生きしていると感じますが，普段なかなか話さない子どもはいないのでしょうか。また，大きな変容を見せた子どもの例などがありましたら，教えてください。

A7 コミュニティボールを持つと，普段以上に話すことが多いようです。「なんだか安心する。」と子どもたちは感想を述べています。また，普段なかなか話さない子どもも，回を重ねるごとに話すようになりました。聞いてもらえるという安心感（セーフティ）があるからです。「授業中，立ち歩くことが多かったり，私語が止まらなかったりする子どもが，自分の話を聞いてもらえるということが分かり，聞く姿勢がもてるようになった。」という事例もあります。

また，学校全体でp4cに取り組んでいる実践報告の中に，児童が大きく変容した事例がありますので，紹介します。宮城県内の〇小学校は3年間，道徳の研究に取り組み，対話のスタイルとしてp4cを活用しました。その結果，児童の心が安定し，学習や生活面で意欲的な姿が見られるようになりました。そして何よりも，保健室利用の数が激減したとのことです。それと同じような現象が，日本と6400km以上も離れているハワイのp4c実践校（K小学校）でも起きています。K小学校では，p4cに取り組んで2年間が経ちましたが，保健室に行く子どもの数が年々減っています。このことは，国や人種を超えたp4cの成果と言えます。p4cによって構築されたセーフティは，子ども同士の人間関係形成の一助となり，学級内に居場所があるという「安心・安全・安定」の意識が，学校全体に「セーフティのあるコミュニティ」を創り出していると考えられます。

(髙橋 隆子)

おわりに

　私たちは，「探究の対話（p4c）」が間違いなくこれからの教育の基盤になると確信しています。小学校では来年度から，中学校では再来年度から，新学習指導要領が全面実施されますが，それに強い影響を与えたものの一つとして，平成28年12月の中央教育審議会答申があります。そこには，授業改善の柱として「主体的な学び」「対話的な学び」「深い学び」が示されていますが，これらは正に「探究の対話（p4c）」が目指す学びの姿そのものです。

　私たちが「探究の対話（p4c）」を実践する中で出会った子どもたちから「友達の考えを聞いて自分の考えが深まった」「発言はできなかったけど一生懸命考えた」「楽しかった」「またやりたい」・・・などの声を聞きました。これらは，経験した子どもたちの率直な感想です。現在，「探究の対話（p4c）」は私たちの予想をはるかに超える勢いで広がっていますが，その理由を考える時，これらの子どもたちの言葉が全てを物語っているように思います。

　現在，「探究の対話（p4c）」は，道徳の他に国語や社会，理科，図画工作，保健体育，家庭科などでも授業に取り入れた実践がなされています。特に道徳では，東京書籍が発行した中学校・道徳の教科書に「探究の対話（p4c）」が紹介されたこともあり，関心が高まっています。

　そこで，道徳の授業に取り入れる際に参考になる事例を紹介したいという思いから，本書を企画しました。一人でも多くの先生方が授業に取り組んで下さったり，「探究の対話（p4c）」に関心のある方々の理解が深まったりしてくれれば，とても嬉しく思います。

　今回の出版は，前書に続くシリーズ第2弾となります。これからも，道徳だけでなく他の教科・領域や教育活動における実践を紹介したいと考えておりますので，どうぞご期待ください。

　「探究の対話（p4c）」は，決して難しい取組ではありません。基本（P10～13）を理解していただけば，どなたでも取組めるものです。でも，実践を重ねていくうちに，迷いが生じたり，難しさを感じたりするようになります。私たちは，それを乗り越えて来たから分かるのですが，そんな時は一人で悩まずに，仲間と相談しながら進むのが一番です。ぜひ，周囲の方々に声をかけて，一緒に取り組んでください。

　私たちの取組についてはHPでも紹介しておりますので，ぜひご覧ください。「探究の対話（p4c）」に関心を持って下さった皆さまは仲間です。どうぞ，お気軽にお声がけください。（巻末連絡先参照）

　新たな社会を創る学校教育を実現するために，そして，未来を生きるかけがえのない子どもたちの幸せのために，共に歩んで参りましょう。

令和元年9月11日　野澤　令照

1　特別寄稿
　・西野　真由美（国立教育政策研究所　総括研究官）
　・押谷　由夫（武庫川女子大学　教授）

2　授業協力校
　・仙台市立茂庭台小学校　・仙台市立桂小学校　・仙台市立若林小学校　・白石市立大鷹沢小学校
　・仙台市立七北田小学校　・仙台市立松陵中学校　・仙台市立七北田中学校　・白石市立白石中学校

3　授業協力者
　・阿部　菜知子（仙台市立北仙台小学校　教諭）・佐々木　文子（仙台市立桂小学校　教諭）
　・長谷川　愛（仙台市立若林小学校　教諭）　・長橋　政之（白石市立大鷹沢小学校　教諭）
　・嶋津　寿克（白石市立白石第二小学校　教諭）・村上　朝子（仙台市立七北田小学校　教諭）
　・間山　由佳（仙台市立松陵中学校　教諭）　・大高　典子（仙台市立七北田中学校　教諭）
　・福島　邦幸（宮城教育大学上廣アカデミー　教育支援コーディネーター）

4　執筆者
　・豊田　光世（新潟大学　准教授）
　・川﨑　惣一（宮城教育大学　教授）　　　　・久保　順也（宮城教育大学　准教授）
　・成瀬　陽子（宮城県登米市立北方小学校　校長）・須藤　洋（仙台市立新田小学校　校長）
　・野澤　令照（宮城教育大学上廣倫理教育アカデミー　所長）・堀越　清治（　同　　　特任教授）
　・髙橋　隆子（　　　同　　　特任准教授）
　・砂金　みどり（　　同　　　探究の対話マイスター）

5　制作協力者
　・庄子　修（宮城教育大学上廣倫理教育アカデミー　特任教授）・小関　俊昭（　同　　　特任准教授）
　・平塚　美保（　　同　　　教育支援コーディネーター）・伊藤　桂子（　同　　　探究の対話マイスター）
　・藤本　泰佳（　　同　　　事務職員）
　・髙橋　由志郎（挿し絵作成）

6　連絡先
　国立大学法人宮城教育大学　上廣倫理教育アカデミー
　〒980-0845　宮城県仙台市青葉区荒巻字青葉149

HPへ

子どもの問いでつくる道徳科　実践事例集

2019年11月27日　第1刷発行

著者　　宮城教育大学上廣倫理教育アカデミー
編者　　野澤令照（宮城教育大学上廣倫理教育アカデミー　所長）
発行者　千石雅仁
発行所　東京書籍株式会社
　　　　〒114-8524　東京都北区堀船2-17-1
　　　　電話　営業　03-5390-7445
　　　　　　　編集　03-5390-7504
印刷・製本　株式会社リーブルテック

Copyright©2019 by Miyagi University of Education the Uehiro Academy for Philosophy in Education
All rights reserved. Printed in Japan
ISBN 978-4-487-81320-9 C0037

乱丁・落丁の場合はお取り換えいたします。
定価はカバーに表示してあります。
本書の無断使用はかたくお断りいたします。